개념어로 말해봐
(역사·상식)

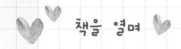

지식의 열매를 맺게 하는 개념어

자기가 읽은 책의 내용을 제대로 이해하려면 개념어의 의미를 알아야 합니다. 학교에서 우등생이 되려고 해도 마찬가지지요. 교과서에 나오는 개념어의 의미를 깨달아야 학업 능력이 높아지니까요. 요즘 들어 '문해력'이라는 말을 자주 듣게 됩니다. 단순히 글을 읽는 것에 그치지 않고 단어와 문장, 나아가 글 전체의 내용을 정확히 이해하는 능력을 가리키는 용어지요. 매일 접하는 정보의 양이 많아질수록 그 속뜻을 헤아릴 줄 아는 문해력이 뛰어나야 교양인이라고 할 만합니다. 그 첫걸음 역시 개념어 공부지요.

개념어는 '생각씨앗'이라고 할 수 있습니다. 그러니까 개념어가 생각의 싹을 틔우고, 생각을 무럭무럭 자라나게 하는 시작점이라는 말이지요. 생각의 씨앗이 튼실하지 않으면 이해력뿐만 아니라 상상력도 좋아지기 어렵습니다. 개념어를 폭넓게, 깊이 있게 익혀둬야 지식의 열매를 풍성하게 맺을 수 있습니다.

우리는 하루에도 숱한 개념어와 마주합니다. 학교 수업을 비롯해 뉴스를 듣거나 인터넷 검색 등을 똑바로 활용하려면 더욱 적극적으로 개념어의 세계에 발을 들여놓아야 합니다. 또 나중에 여러분이 중고등학교에 진학하면 지금 공부하는 여러 개념어가 학습 활동의 단단한 기초가 될 것이 틀림없습니다.

이 책 『개념어로 말해봐』 시리즈는 모두 5권으로 구성했습니다. 1권 정치 · 경제, 2권 사회 · 세계, 3권 문화 · 철학, 4권 과학 · 지리, 5권 역사 · 상식으로 분류했지요. 그리고 개별 항목마다 32가지 개념어를 다루어, 각 권에 64가지 개념어를 설명해놓았습니다. 5권을 더하면 개념어의 수가 총 320가지에 이르지요. 현대 사회는 워낙 다양한 정보가 넘쳐납니다. 하루가 멀다 하고 새로운 개념어가 생겨나기도 하지요. 그러므로 이 책에서 다룬 320가지 개념어부터 확실히 알아두면 앞으로 여러분이 독서하고, 토론하고, 공부하는 데 훌륭한 길잡이가 될 것이라고 믿습니다.

*5권에서는 [역사]와 [상식] 관련 개념어를 알아봅니다. 미래를 위해 과거를 탐구하며, 미처 이야기하지 못한 주요 개념어를 꼼꼼히 살펴봅니다.

 생각씨앗을 전하며,
콘텐츠랩

[역사]관련 개념어

책을 열며

[상식]관련 개념어

1

우등생이 공부하는
32가지 생각 씨앗

[역사]

호모사피엔스가 궁금해?

지금의 인류와 많이 닮았네

 1924년, 인류학자 레이먼드 다트 박사는 남아프리카에서 유골 하나를 발굴했습니다. 학자들은 훗날 그 유골을 최초의 인류로 인정하며 '오스트랄로피테쿠스'라는 이름을 붙여주었지요.

 오스트랄로피테쿠스는 약 250~400만 년 전에 살았던 인류의 먼 조상입니다. 두 발로 걸었지만, 농사를 짓거나 무기를 이용해 사냥하지는 못했지요. 뇌의 크기도 지금 인류의 3분의1에 지나지 않았고요.

 그 후 인류는 빠르게 진화를 거듭했습니다. 뒤이어 약 200만 년 전에는 도구를 만들어 사용하기 시작한 '호모하빌리스', 약 150만 년 전에는 불을 사용할 줄 아는 '호모에렉투스'가 나타났지요.

 그리고 약 20만 년 전, 마침내 오늘날의 인류와 닮은 '호모사피엔스'가 등장했습니다. 호모사피엔스는 '슬기로운 사람'이라는 뜻이지요. 돌을 이용해 여러 도구를 만들고 시체를 매장하는 풍습 등을 가진 그들은 각 대륙으로 널리 퍼져갔습니다.

한 걸음 더 (1)　호모사피엔스에 관한 보충 설명

호모사피엔스는 아프리카에서 기원한 뒤 아시아와 유럽 등으로 이동해 인류의 조상이 되었습니다. 약 35만 년 전부터 살았던 '네안데르탈인'과 유전적으로 가깝지요. 호모사피엔스의 두뇌 용량은 뒤이어 등장한 '호모사피엔스사피엔스'와 같습니다. 지금으로부터 약 4만 년 전 출현한 호모사피엔스사피엔스는 현생 인류의 직계 조상으로 추정되지요. 유럽의 크로마뇽인, 아시아의 상동인이 여기에 해당합니다.

한 걸음 더 (2)　호모하빌리스와 호모에렉투스의 의미

호모하빌리스는 '손재주 있는 사람'이라는 뜻을 갖고 있습니다. 이전에 살았던 오스트랄로피테쿠스보다 뇌의 크기가 2배로 컸지요. 호모에렉투스는 '곧게 서서 걷는 사람'이라는 의미입니다. 오스트랄로피테쿠스도 이미 두 발로 걸었지만, 호모 에렉투스의 화석이 발견됐을 때만 해도 인류학자들이 그 사실을 몰라 지금의 이름을 붙였습니다.

나의 생각메모

수천 년 전 인류의 놀라운 문명

인류는 약 1만 년 전 비로소 정착 생활을 시작했습니다. 한 지역에 오랫동안 머물며 식물을 재배하고 가축을 키웠지요. 인류가 처음 뿌리를 내린 곳은 쉽게 물을 얻을 수 있는 강이나 호수 근처였습니다.

인류의 정착 생활은 식량 자급과 인구 증가, 그리고 문명 발달로 이어졌습니다. 인류 최초의 4대 문명으로 일컬어지는 '메소포타미아문명, 이집트문명, 인더스문명, 황하문명'이 그렇게 탄생했지요.

그중 이집트문명은 나일강을 중심으로 발전했습니다. 고대 이집트에서는 최고 지도자를 '파라오'라고 불렀지요. 이집트인들은 파라오의 영혼이 죽어서도 영원하다고 믿어 미라를 만들고 거대한 무덤인 '피라미드'를 세웠습니다.

쿠푸 파라오 피라미드의 경우, 높이가 무려 146.6미터에 달합니다. 밑변은 각 230미터의 정사각형이고요. 평균 무게 2.5톤의 돌을 230만 개나 쌓아올려 만들었지요. 고대 이집트의 뛰어난 기하학 수준을 증명하는 건축물입니다.

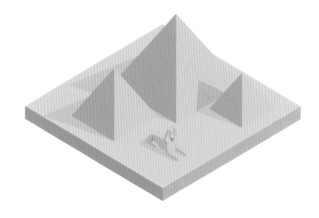

한 걸음 더 (1) 기하학이 뭐야?

'기하학'은 도형 및 공간의 성질을 연구하는 학문입니다. 점, 면, 직선, 곡선, 부피 사이의 관계를 연구하는 수학의 한 분야지요. 고대 이집트에서는 나일강이 범람해 토지의 경계가 사라지는 일이 자주 발생했는데, 강물이 빠진 뒤 토지의 넓이를 새로 측량하는 과정에서 기하학 지식이 발달했다고 합니다.

한 걸음 더 (2) 피라미드 앞에 스핑크스도 있어

현재 이집트에는 80기가 넘는 피라미드가 보존되어 있습니다. 일부 피라미드 앞에는 사람 머리에 사자의 몸을 가진 '스핑크스'를 함께 만들어놓았지요. 고대 이집트 사람들은 유일신이 아니라 여러 신을 믿었습니다. 그 가운데 최고의 신은 태양신 '라'였지요. 스핑크스는 태양신 라를 상징하는 것으로, 파라오의 무덤인 피라미드를 지킨다는 의미를 담고 있습니다.

나의 생각메모

사회 질서를 지키려면 엄한 법이 필요해

인류 역사를 살펴보면 매우 엄격한 법으로 사회 질서를 지키려던 시절이 있었습니다. 그중 하나가 메소포타미아에 세워졌던 바빌로니아 왕국이지요. 그 왕국의 전성기는 함무라비 왕 때인데, 그가 '함무라비 법전'을 만들었습니다.

함무라비 법전의 정신은 한마디로 '눈에는 눈, 이에는 이'입니다. '어느 귀족이 다른 귀족의 눈을 멀게 했다면, 그 역시 똑같은 벌을 내려 눈을 멀게 한다.'와 같은 내용을 담고 있지요.

또한 함무라비 법전은 귀족이 평민이나 노예를 함부로 해칠 수 없게 하는 내용도 밝히고 있습니다. 그것은 고대 사회에서 결코 흔한 일이 아니었지요. 비록 전체적으로는 신분에 따라 불평등한 기준을 적용했지만 말입니다.

기원전 1750년 무렵 만들어진 함무라비 법전은 문자로 기록한 세계 최초의 법전입니다. 높이 2.25미터의 돌기둥에 282조나 되는 법규를 새긴 이 법전은 현재 프랑스 루브르미술관에 전시되어 있습니다.

한 걸음 더 (1) 함무라비 법전은 성문법

 앞서 함무라비 법전은 문자로 기록한 세계 최초의 법전이라고 설명했습니다. 그처럼 문자를 이용해 문서의 형식을 갖춘 법률을 '성문법'이라고 하지요. 오늘날 우리나라를 비롯한 대부분의 국가가 성문법 제도를 채택하고 있습니다. 그와 달리 문서의 형식을 갖추지 않은 법률을 가리켜 '불문법'이라고 합니다. 오래 전부터 그 사회에 전해 내려와 모두 알고 지키는 관습법을 예로 들 수 있지요.

한 걸음 더 (2) 함무라비 법전의 일부 내용

 (1조) 타인을 살인죄로 고발하고 확증하지 못하는 자는 사형에 처한다. (6조) 신전이나 왕궁의 재산을 훔친 자와 그 물품을 넘겨받은 자는 사형에 처한다. (22조) 강도질을 계획하다 발각되면 사형에 처한다. (113조) 빚이 있다 해도 농사용 소의 차압은 금지한다. (198조) 귀족이 평민의 뼈를 부러뜨리면 은 1미나를 치른다.

나의 생각메모

O --

O --

O --

O

폴리스와 아고라가 궁금해?

민주주의가 시작된 고대 그리스

고대 그리스는 '폴리스'라는 여러 도시 국가로 이루어져 있었습니다. 도시 국가란, 로마 같은 고대 제국이 등장하기 전까지 존재했던 사회 형태지요. 고대 그리스의 폴리스는 각각 독립되어 있었지만 언어와 종교가 같았습니다.

고대 그리스는 민주주의 제도가 처음 시작된 곳으로 유명합니다. 각 폴리스의 자유로운 시민들은 '아고라'라는 광장에 모여 나랏일을 의논했지요. 그들은 권력자의 결정에 일방적으로 복종한 것이 아니라, 자신의 의지대로 정치와 사상 등에 대해 토론했습니다.

도시 국가 시민들이 공동생활의 이런저런 문제에 대해 함께 고민하고 스스로 결정하는 것. 그것이 바로 민주주의의 출발이었지요.

물론 고대 그리스를 오늘날의 민주주의 국가와 비교할 수는 없습니다. 왜냐하면 그때는 여자들이 절대 정치에 참여할 수 없었으니까요. 노예 제도도 있었고요. 그럼에도 고대 그리스가 현대 민주주의의 뿌리인 것은 틀림없는 사실입니다.

어원으로 살펴본 민주주의

 민주주의는 영어로 '데모크라시(democracy)'라고 합니다. 그 말은 그리스어 '데모크라티아(demokratia)'에서 비롯되었지요. 데모크라티아는 '국민', '민중'을 뜻하는 데모스(demos)와 '지배', '권력'을 뜻하는 크라투스(kratos)가 합쳐진 것입니다. 그러므로 민주주의는 국민의 지배로 국가를 운영하는 것이며, 민중이 권력을 갖는 것이지요.

아크로폴리스에 대해서도 알아둬

 도시 국가 폴리스에 있는 높은 언덕을 가리켜 '아크로폴리스'라고 했습니다. 각 폴리스의 중심에 위치한 아크로폴리스에는 수호신을 모시는 신전을 비롯해 극장과 음악당 같은 문화 시설을 세웠지요. 또한 지리적 이점 때문에 전쟁이 일어나면 군사들의 보루로도 이용했습니다. 고대 그리스에는 여러 곳의 아크로폴리스가 있었지만, 그중 아테네의 아크로폴리스가 오늘날 가장 유명하지요.

나의 생각메모

헬레니즘 문화가 궁금해?

그리스 문화와 오리엔트 문화의 결합

고대 그리스 북부 마케도니아에 새 국왕이 즉위했습니다. 훗날 대왕의 칭호를 얻게 되는 '알렉산드로스'였지요. 그는 마케도니아를 세계 제일의 나라로 만들고 싶어 했습니다. 그래서 군사력을 키워 그리스의 도시 국가들부터 하나둘 제압했지요.

그리고 기원전 334년, 마침내 알렉산드로스 왕은 그리스 밖으로 눈길을 돌렸습니다. 첫 번째 원정지는 페르시아였지요. 불과 22살의 국왕 알렉산드로스는 승리를 거듭해 시리아와 페니키아를 넘어 이집트까지 한달음에 정복해 나갔습니다. 기원전 330년에는 메소포타미아를 차지했고, 그로부터 3년 뒤에는 인도의 인더스강 지역까지 손에 넣었지요.

알렉산드로스 왕이 영토를 정복하면 그곳에는 곧 그리스 문화가 널리 퍼졌습니다. 이집트, 메소포타미아, 페르시아 등의 오리엔트 문화와 영향을 주고받아 새로운 문화를 낳았는데, 그것을 가리켜 '헬레니즘 문화'라고 합니다. 헬레니즘 문화는 나중에 중국까지 전해져 불교 미술 등에 큰 영향을 끼쳤습니다.

헬레니즘 문화의 특징은 뭘까?

고대 사회에서는 개인의 행복보다 국가와 민족의 가치를 훨씬 더 중요하게 생각했습니다. 그러나 헬레니즘 문화는 집단보다 개인에게 초점을 맞췄지요. 그런 사상이 미술에서는 인간의 육체와 본능, 감정을 있는 그대로 드러내는 작품으로 나타났습니다. 또한 현실 세계에서 정신적 만족을 좇는 철학과 실용을 중시하는 자연과학을 발달시키기도 했지요.

오리엔트는 어느 지역을 말하는 걸까?

인도의 인더스강 서쪽에서 지중해 연안까지 펼쳐진 지역을 가리켜 '오리엔트'라고 합니다. 과거 메소포타미아 지역과 지금의 이란, 시리아, 팔레스타인, 아르메니아, 이집트 등을 포함하지요. 유럽과 미국의 시각에서 보는 지중해 동쪽의 여러 나라를 말합니다. 아울러 더 좁은 의미로는 우리나라와 중국, 일본 같은 동아시아를 가리키지요. 오리엔트에는 '해가 뜨는 곳'이라는 뜻이 담겨 있습니다.

나의 생각메모

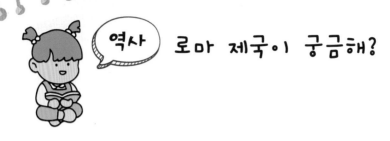

천년 제국의 탄생과 번영

 기원전 753년, 지금의 이탈리아 지역에 건국한 로마는 700년 넘게 꾸준히 국가의 기틀을 다졌습니다. 그리고 기원전 27년, 아우구스투스가 황제 자리에 오르면서 공식적으로 '로마 제국'이 되었음을 선포했지요.

 로마 제국의 탄생은 무엇보다 로마 사람들의 끊임없는 노력이 밑받침되어 가능했습니다. 더불어 지중해 서쪽에 위치한 강력한 나라 카르타고와 벌인 포에니 전쟁에서 승리한 것이 큰 원동력이 되었지요. 카르타고의 몰락은 로마 제국의 문을 활짝 열어젖혔습니다.

 로마 제국은 오랜 시간 공들여 이룩된 만큼 곧 황금기를 보내기 시작했습니다. 무려 1천200여 년 동안 유럽 최강국의 자리를 지켜 '천년 제국'으로 불렸지요. 제국 곳곳에 길을 닦고 수도 시설을 설치하는 등 지금 봐도 놀랄 만한 기술력을 쌓아갔습니다. 그뿐 아니라 정치 제도를 발달시켰으며 찬란한 문화 예술을 창조했지요. 당연히 경제적 번영도 누렸고요.

옥타비아누스에서 아우구스투스로

'아우구스투스'는 로마 제국의 제1대 황제입니다. 그런데 아우구스투스의 원래 이름은 '옥타비아누스'지요. 옥타비아누스는 안토니우스, 레피두스와 권력을 나누어 갖다가 악티움 해전에서 승리한 뒤 통치권을 독차지했습니다. 그 후 로마 원로원은 영토 지배권과 군사 지휘권 등 모든 권력을 옥타비아누스에게 넘기며 '존엄한 자'라는 뜻을 가진 아우구스투스 칭호를 내렸지요.

포에니 전쟁에 대해 알고 싶어

'포에니 전쟁'은 기원전 264년에서 기원전 146년에 걸쳐 세 차례 일어났습니다. 제1차 포에니 전쟁은 로마가 지중해 최대의 섬 시칠리아에서 무역 강국 카르타고를 내쫓는 결과를 낳았지요. 제2차 포에니 전쟁은 카르타고의 한니발 장군 때문에 어려움을 겪었지만, 결국 로마의 승리로 끝났습니다. 그리고 마지막 제3차 포에니 전쟁 역시 로마의 승리로 막을 내렸는데, 그 뒤 카르타고는 완전히 파괴됐지요.

나의 생각메모

중국 최초의 통일 국가 탄생

기원전 8세기에서 기원전 3세기까지 중국 땅에는 여러 나라가 건국되어 치열한 경쟁을 벌였습니다. 그 시기를 가리켜 '춘추전국시대'라고 하지요. 특히 기원전 5세기 무렵부터는 '진, 초, 연, 제, 한, 위, 조'라는 일곱 나라가 중국 땅의 패권을 차지하기 위해 전쟁도 마다하지 않았습니다.

당시 일곱 나라는 농업을 발전시키고 새로운 철기 기술을 익혔으며, 수준 높은 학문 탐구에 몰두했습니다. 저마다 풍요로운 나라를 만들고 강력한 군사력을 갖는 부국강병이 최고의 목표였지요.

하지만 모든 경쟁에는 승자와 패자가 있는 법. 기원전 221년, 마침내 진나라가 다른 6개 나라를 패망시켜 중국 최초의 통일 국가로 자리매김했습니다. 그때 진나라 왕의 이름은 '정'이었지요. 그는 중국 대륙을 통일하고 나서 첫 번째 황제라는 뜻을 담아 자신을 '시황제'라고 부르게 했습니다. 그 후 사람들은 시황제 앞에 중국 최초의 통일 국가 명칭인 진을 붙여 '진시황제'라고 했지요.

한 걸음 더 (1) 진시황제의 긍정적인 모습

진시황제는 통일 중국을 강력한 힘으로 다스렸습니다. 부패한 귀족들을 내치고 참신한 인재들을 새로 관리에 임명했지요. 그뿐 아니라 모든 백성들이 같은 문자와 같은 화폐, 같은 도량 단위를 쓰도록 했습니다. 도량이란, 물건의 길이와 양을 재는 것을 의미하지요. 아울러 지방 조직을 정비했으며, 통일 이전 각 나라들의 성을 이어 만리장성을 완성했습니다.

한 걸음 더 (2) 진시황제의 부정적인 모습

진시황제는 여러 업적을 남겼지만, 정치적 비판에 관대하지 못했습니다. 자신의 정책에 반대하는 학자들을 탄압하기 위해 책을 불태웠고, 유생들을 구덩이에 파묻어 죽였지요. 그것을 일컬어 '분서갱유'라고 합니다. 또한 호화로운 궁전 아방궁과 만리장성 등을 만드느라 수많은 백성을 무리하게 동원해 원성을 샀지요. 게다가 늙지 않고 오래 산다는 불로장생의 명약을 구하려는 어리석음을 내보이기도 했고요.

나의 생각메모

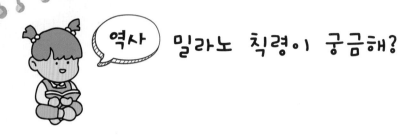

역사 밀라노 칙령이 궁금해?

밀라노에서 외친 종교의 자유

로마 제국은 오랜 세월 그리스도교를 탄압했습니다. 그리스도교가 당시 로마인들의 가치관과 달리 유일신인 하느님만을 믿어야 한다고 말했기 때문이지요. 게다가 모든 사람은 평등하다며 귀족들 앞에서도 복종하는 모습을 보이지 않았고요.

하지만 로마 제국의 온갖 박해에도 그리스도교는 빠르게 퍼져갔습니다. 64년, 네로 황제가 로마 대화재의 책임을 물어 수많은 그리스도교 신자들을 죽이기도 했지만 그와 같은 흐름을 막지는 못했지요.

그리하여 313년, 마침내 콘스탄티누스 1세 황제가 직접 나서서 누구나 자유롭게 그리스도교를 믿어도 좋다는 명을 내리게 되었습니다. 그 선언을 일컬어 '밀라노 칙령'이라고 하지요.

콘스탄티누스 1세는 교회에 법을 집행할 수 있는 권리를 부여했고, 국가의 통제 없이 재산을 관리하는 것을 인정했습니다. 아울러 시민들의 노동력을 동원하는 일에서 성직자를 제외시켜주었지요.

한 걸음 더 (1) 칙령이 무슨 뜻이야?

황제가 말로써 내리는 명령을 '칙령'이라고 합니다. 우리나라의 경우 조선시대 초기에 '왕지', 세종 때부터 '교지'라고 하다가 1894년 갑오개혁 이후 칙명이라고 불렀지요. 대한제국의 고종이 황제로 즉위했기 때문입니다. 황제의 칙령은 그 자체로 막강한 권위를 지니며, 그것을 모아 법전을 만드는 재료로 삼기도 합니다.

한 걸음 더 (2) 그리스도교는 어떤 종교일까?

예수를 구세주 메시아로 믿는 종교를 '그리스도교'라고 합니다. 오늘날 불교 이슬람교와 함께 세계 3대 종교로 자리 잡았지요. 그리스도교에서는 예수를 하느님의 아들이자 인류의 구원자로 믿고 따릅니다. 그리스도교는 역사의 굴곡을 겪으며 로마가톨릭교회, 동방정교회, 프로테스탄트교회로 갈라졌지요. 프로테스탄트교회란, 16세기 로마가톨릭교회에서 분리된 개신교를 의미합니다.

나의 생각메모

○ --

○ --

○ --

○ --

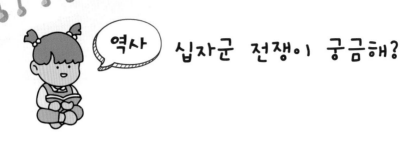

역사 십자군 전쟁이 궁금해?

● 신의 이름을 앞세운 전쟁 ●

11세기 무렵, 그리스도교 신자들이 예수가 태어난 예루살렘으로 순례를 떠났습니다. 당시 그곳에는 이슬람교 신자들이 살고 있었지요. 그들은 이슬람교만이 최고의 진리라고 믿으면서 점점 성지 순례를 방해하기 시작했습니다.

그러자 그리스도교를 믿는 비잔틴 제국의 황제가 교황에게 도움을 요청했습니다. 비잔틴 제국은 가톨릭과 조금 다른 교리로 그리스도교를 믿었는데, 교황은 그 기회에 가톨릭을 전파하려고 기꺼이 부탁을 들어주었지요.

1095년, 교황 우르바누스 2세는 그리스도교 신자들에게 성스러운 전쟁에 나설 것을 선언했습니다. 이듬해 제1차 '십자군 전쟁'을 일으켜 이슬람교의 영토를 하나둘 점령해갔지요. 그렇게 예루살렘은 한동안 그리스도교 차지가 되었습니다.

이슬람교 신자들은 힘을 모아 그리스도교에 맞섰습니다. 그리스도교 역시 1096년부터 1270년까지 8차례나 십자군을 일으켜 거듭 원정길에 나섰지요. 하지만 그리스도교의 십자군 전쟁은 결국 실패로 끝나고 말았습니다.

한 걸음 더 (1)   그리스도교 군대를 십자군이라고 부른 이유

그리스도교는 예루살렘을 차지하기 위해 십자군 전쟁을 일으켰습니다. 전쟁은 무려 200여 년 동안이나 계속됐지요. 당시 그리스도교 쪽에서는 전쟁에 참여한 병사들을 '십자군'이라고 불렀습니다. 그 이유는 전쟁에 나선 병사들이 가슴과 어깨에 십자가 표시를 했기 때문입니다. 유일신을 믿는 그리스도교와 이슬람교의 충돌은 종교 전쟁의 성격이 매우 강했습니다.

한 걸음 더 (2)   그리스도교와 이슬람교에 예루살렘의 의미는?

그리스도교는 예수를 구세주라고 믿습니다. 그 예수가 태어나 죽고, 부활한 곳이 다름 아닌 예루살렘이지요. 또한 이슬람교에서는 창시자 마호메트가 거대한 바위 위에 올라서서 하늘로 올라갔다는 믿음이 남아 있는 장소가 예루살렘입니다. 그러니 두 종교의 신자들 모두 그 땅을 신성한 땅, '성지'로 여길 수밖에 없지요.

나의 생각메모

○

○

○

○

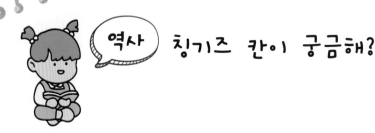

역사 **칭기즈 칸이 궁금해?**

아시아를 넘어 유럽으로

1206년, 몽골 민족 전체의 지배자임을 알리며 황제가 된 인물이 있습니다. 그가 나타나기 전까지 몽골은 드넓은 초원 지대의 별 볼일 없는 부족 국가에 지나지 않았지요. 몽골의 황제가 된 인물은 테무친이라고 불리던 이름도 '칭기즈 칸'으로 바꿨습니다. 여기서 '칸'은 왕을 의미합니다.

칭기즈 칸은 황제가 된 이듬해 중국 서북부의 서하를 시작으로 금나라를 공격해 단숨에 아시아 최강국이 되었습니다. 칭기즈 칸은 더 큰 야심을 품고 곧 7년 동안 이어진 유럽 원정길에 올랐지요. 유럽 군대는 몽골 군대의 상대가 되지 못했습니다. 1227년 칭기즈 칸이 죽고 나서도 상황은 달라지지 않았지요.

몽골 제국은 칭기즈 칸의 아들로 제2대 황제가 된 오고타이 칸과 칭기즈 칸의 손자인 바투를 앞세워 유럽으로 세력을 넓혀갔습니다. 1236년에는 러시아 땅에 있던 나라들을 잇달아 정복하더니 폴란드와 헝가리까지 집어삼켰지요. 당시 몽골은 그야말로 '대제국'이라고 부를 만했습니다.

고려를 침략한 몽골 제국

한때 세계의 정복자였던 몽골은 고려를 향해서도 무력을 행사했습니다. 1231년부터 1259년까지 무려 아홉 차례에 걸쳐 줄기차게 고려를 공격해 '여몽 전쟁'이 벌어졌지요. 고려는 수도를 강화도로 옮겨 항쟁했지만 결국 패배하고 말았습니다. 그 후 고려는 몽골이 중국에 세운 원나라의 간섭을 받으며 막대한 양의 조공을 바쳐야 했지요. 원나라는 고려인들에게 몽골식 이름과 옷, 변발 등을 강요했습니다.

몽골 제국의 역사

1206년에 건국된 몽골 제국의 역사는 1635년까지 429년 동안 계속됐습니다. 그 사이 제국이 분열되는 우여곡절을 겪기도 했지만, 거의 모든 아시아 대륙을 비롯해 러시아와 동유럽까지 세력을 떨쳤지요. 몽골 제국은 인류 역사상 최대 규모의 단일 제국으로 평가받습니다. 13세기를 기준으로 하면 전 세계 인구의 절반 정도가 몽골 제국의 지배를 받았지요. 당시 중국과 러시아 지역도 그들의 영토였으니까요.

나의 생각메모

페스트가 궁금해?

인류를 멸종시킬지 모를 전염병의 공포

인류 역사상 가장 큰 피해를 입힌 전염병은 무엇일까요?

여러 질병이 있지만, 그중 절대로 빼놓을 수 없는 것이 '페스트'입니다. 특히 1347년부터 1350년 사이 유럽과 아프리카 북부 지역을 휩쓴 페스트는 끔찍했던 전염병들 중에서도 첫 손가락에 꼽을 만하지요.

중국의 역사 기록에 따르면, 1331년 페스트가 널리 퍼졌다고 합니다. 20여 년 동안 대략 3천만 명에 이르는 사람들이 죽음을 맞았지요. 이 질병은 중앙아시아를 거쳐 1347년 이탈리아로 상륙했습니다. 그리고 프랑스와 영국 등 유럽 대륙을 비롯해 이집트, 리비아까지 단숨에 확산됐지요.

그 무렵 페스트가 유럽으로 번진 까닭은 무역상 때문이었습니다. 그들은 배를 타고 이곳저곳 옮겨 다니며 병을 전염시켰지요. 아울러 당시 유럽 도시들의 불결한 생활 환경도 병을 퍼뜨리는 중요한 이유가 되었습니다. 결국 페스트가 번진 지 3년 만에 유럽 인구의 3분의 1 이상이 목숨을 잃고 말았지요.

한 걸음 더 (1) 페스트에 대해 알고 싶어

 페스트는 쥐나 다람쥐 같은 설치류의 몸에 기생하는 벼룩이 옮기는 병입니다. 주로 동물들끼리 전염되는데, 사람도 그 벼룩에 물리면 페스트에 걸릴 수 있지요. 그 뒤에는 사람과 사람 사이에도 전파가 가능합니다. 페스트는 흔히 '흑사병'이라고 불립니다. 고열과 구토에 시달리다가 마지막에는 온몸이 검게 변해 죽는다는 의미로 붙여진 이름이지요.

한 걸음 더 (2) 14세기 페스트 못지않았던 스페인 독감

 인류 역사상 치명적 전염병 1위는 14세기의 페스트입니다. 그리고 2위는 '스페인 독감'이라고 할 수 있지요. 1918년 발생한 스페인 독감은 1920년까지 5천만 명 넘는 사람들을 죽음에 이르게 했습니다. 그때는 최근의 코로나19와 달리 젊은 층의 사망률이 무척 높았지요. 참고로, 스페인 독감은 스페인에서 시작된 것이 아닙니다. 가장 먼저 스페인에서 언론 보도가 이뤄져 그 이름이 붙었을 뿐입니다.

나의 생각메모

백년 전쟁이 궁금해?

그렇게 오랫동안 전쟁을 하다니

11세기 중반, 영국은 프랑스 땅에 영토를 갖고 있었습니다. 그런 까닭에 두 나라는 종종 크고 작은 다툼을 벌였지요. 섬나라였던 영국은 내심 프랑스를 통해 대륙으로 진출하려는 욕심을 가졌습니다.

그러던 1328년, 프랑스 국왕 샤를 4세가 후계자 없이 세상을 떠났습니다. 곧 왕위 계승을 놓고 프랑스에 영향력을 행사하려던 영국 국왕 에드워드 3세와 샤를 4세의 사촌 사이에 갈등이 빚어졌지요. 결국 샤를 4세의 사촌이 새로운 프랑스 국왕 필리프 6세가 되면서 전쟁이 벌어지고 말았습니다. 에드워드 3세가 먼저 프랑스 경제를 어렵게 만들자, 필리프 6세는 프랑스 내 영국 영토를 빼앗아 선전포고를 했지요.

영국과 프랑스는 1337년부터 1453년까지 116년 동안이나 전쟁을 벌였습니다. 그 것을 일컬어 '백년 전쟁'이라고 합니다. 두 나라가 100년 넘게 전쟁을 한 것은 역사 상 유례를 찾아볼 수 없는 일이지요. 최후의 승전국은 프랑스였습니다.

한 걸음 더 (1)　두 나라는 정말 쉼 없이 싸웠을까?

　프랑스와 영국 사이에 벌어진 백년 전쟁이 116년 동안 줄곧 계속되었던 것은 아닙니다. 앞서 설명한 페스트가 유럽 대륙에 퍼지면서 한동안 전쟁을 중단했지요. 두 나라는 페스트가 사라진 뒤 전쟁을 이어갔지만, 양쪽 모두 경제 사정이 극도로 나빠져 또다시 휴전기를 갖기도 했습니다. 백성들의 살림살이가 너무 어려워져 잦은 반란이 일어나는 바람에 그 일을 수습하는 것이 더 급했기 때문이지요.

한 걸음 더 (2)　샤를 4세 이후 프랑스 왕위 갈등의 내막

　프랑스 국왕 샤를 4세가 후계자 없이 세상을 떠나자, 영국 국왕 에드워드 3세는 자신의 어머니가 샤를 4세의 누이이므로 왕위를 물려받아야 한다고 주장했습니다. 하지만 여자의 왕위 계승을 허락하지 않았던 프랑스에서는 샤를 4세의 사촌이 국왕 자리에 올랐지요. 그 결과 프랑스에 눈독을 들이던 에드워드 3세는 크게 반발했습니다. 그래서 프랑스 땅이었던 플랑드르에 양털 수출을 금지시켜 당시 매우 중요했던 모직물 산업에 타격을 주었지요. 그것이 백년 전쟁의 서막이었습니다.

나의 생각메모

○

○ --

○ --

○ --

위화도 회군이 궁금해?

말머리를 돌려 새로운 나라를 세우자

중국 땅에서 원이 힘을 잃고 명의 세력이 커질 무렵이었습니다. 명은 자꾸만 고려에 무리한 요구를 하기 시작했지요. 그러자 고려 우왕은 이성계와 조민수가 이끄는 정벌군을 명의 전진 기지 같은 요동으로 보냈습니다.

그러나 이성계는 요동 정벌이 무모하다고 생각했습니다. 명이 머지않아 중국 땅을 지배할 것이 뻔한데, 고려는 아직도 원에 미련을 버리지 못한다고 판단했지요. 게다가 곧 여름이 되므로 병사들이 전염병에 걸릴 위험도 있었고요. 고려가 요동에서 전투를 벌이는 틈을 타 왜구가 쳐들어올 수도 있었습니다.

이성계는 압록강 하류인 위화도에 이르자 병사들을 멈추게 했습니다. 조민수와 상의해 우왕에게 요동 정벌이 불가능하다는 글을 올렸지요. 하지만 우왕의 생각은 변함없었습니다. 이성계는 고민 끝에 군사를 돌려 고려의 수도인 개경으로 돌아가기로 결심했지요. 그 사건을 '위화도 회군'이라고 합니다. 그 후 이성계는 우왕을 물리치고 조선 건국의 기틀을 마련했습니다.

명나라 공격에 앞장선 최영 장군

고려의 대장군 최영은 우왕의 요동 정벌에 적극 찬성했습니다. 그는 명이 공물을 요구하는 것을 넘어 철령 북쪽 지역까지 내놓으라고 강요하자 더 이상 참을 수 없었지요. 일찍이 고려를 침범한 외적들을 수차례 물리친 경험이 있는 최영은 절대로 영토를 잃고 싶지 않았습니다. 하지만 그는 고려에 남아 요동 정벌을 총 지휘하다가 이성계의 위화도 회군이 성공하는 바람에 목숨을 빼앗기고 말았지요.

조선 제1대 임금 태조 이성계

이성계가 고려를 멸망시키고 건국한 조선의 역사는 1392년부터 1910년까지 이어졌습니다. 세계사를 살펴봐도 하나의 왕조가 그렇게 오래 유지된 사례는 별로 없지요. 그런 조선 왕조의 문을 연 제1대 임금 태조가 바로 이성계입니다. 뒤이어 태조의 둘째 아들 이방과가 제2대 임금 정종이 되었지요. 그 후 태조의 다섯째 아들 이방원이 제3대 임금 태종이 되었고요. 조선의 마지막 27대 국왕은 순종입니다.

나의 생각메모

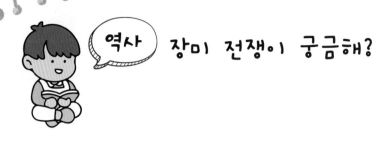

역사 장미 전쟁이 궁금해?

어울리지 않는 꽃과 전쟁의 조합

백년 전쟁을 일으킨 에드워드 3세 이후 영국 국왕이 된 사람은 리처드 2세였습니다. 그는 에드워드 3세와 같은 가문의 후손이지요. 그런데 리처드 2세가 아일랜드 원정길에 나선 틈을 타 랭커스터 가문의 헨리 4세가 국왕 자리를 빼앗았습니다.

그 뒤 영국 왕실은 한동안 랭커스터 가문 차지였습니다. 헨리 4세에 이어 헨리 5세, 헨리 6세가 잇달아 왕위에 올랐지요. 그러자 또 다른 명문가인 요크 가문이 도전장을 던졌습니다. 랭커스터와 요크, 두 가문의 다툼은 내전으로 번져 1455년부터 1485년까지 30년 동안 계속됐지요. 사람들은 그 싸움을 '장미 전쟁'이라고 불렀습니다.

장미 전쟁이 일어난 지 10여 년 만에 요크 가문은 왕위를 빼앗는 데 성공했고, 랭커스터 왕조는 몰락했습니다. 그러나 그 후 랭커스터 가문의 후손인 헨리 튜더가 등장해 요크 가문의 왕을 물리치고 새로운 왕조를 열었지요. 그제야 국왕 자리를 차지하기 위한 기나긴 내전은 막을 내렸습니다.

한 걸음 더 (1)　장미 전쟁이라고 불린 이유

　장미 전쟁은 오로지 권력을 차지하기 위해 서로를 속이고 죽인 잔인한 싸움이었습니다. 그럼에도 전쟁 앞에 아름다운 꽃 이름이 붙은 까닭은 랭커스터와 요크, 두 가문의 상징이 모두 장미였기 때문입니다. 랭커스터 가문은 붉은 장미, 요크 가문은 흰 장미를 앞세워 전쟁터에 나섰지요. 중세시대 영국 귀족들은 가문의 명예를 중요하게 생각하며 저마다 고유한 상징 문장을 사용했습니다.

한 걸음 더 (2)　내전은 어떤 전쟁을 말하는 걸까?

　앞서 랭커스터와 요크 가문의 장미 전쟁을 '내전'이라고 표현했습니다. 우리는 이미 세계 관련 개념어를 공부하며 내전에 대해 알아보았지요. 국가 간에 주권이나 영토를 빼앗을 목적이 아니라, 한 나라 안에서 서로 다른 세력들이 정치적 주도권을 차지하기 위해 다투는 것이 내전이라고 설명했습니다. 그러므로 국왕이라는 최고의 권력을 놓고 영국 내 두 가문이 벌인 장미 전쟁도 일종의 내전인 것입니다.

나의 생각메모

○ _____

○ _____

○ _____

○ _____

역사

무적함대가 궁금해?

우리에게 맞설 상대는 없어

16세기 무렵 유럽 최강국은 에스파냐였습니다. 콜럼버스를 지원해 아메리카 대륙을 발견한 에스파냐는 무역을 통해 큰돈을 벌어들였지요. 에스파냐는 군사력도 무척 강했습니다. 특히 해군은 감히 견줄 나라가 없을 만큼 대단했지요.

당시 유럽인들은 에스파냐 해군을 '무적함대'라고 불렀습니다. 127척에 이르는 군함은 말 그대로 적수가 없었지요. 에스파냐는 막강한 무적함대를 앞세워 지중해와 대서양을 누비며 유럽의 여러 나라를 두려움에 떨게 했습니다. 에스파냐 국왕 펠리페 2세는 프랑스와 벌인 전쟁을 승리로 이끌고 조금씩 영토를 넓히며 나라를 더욱 부강하게 만들었지요.

그런데 얼마 후, 에스파냐의 무적함대에 맞서는 인물이 나타났습니다. 영국 여왕 엘리자베스 1세였지요. 영국의 국력이 점점 커지고 엘리자베스 1세가 고분고분하지 않자 펠리페 2세는 무적함대에 명령해 영국을 공격했습니다. 하지만 승자는 영국이었지요. 전쟁에서 참패한 무적함대는 겨우 54척의 배만 본국으로 돌아갔습니다.

한 걸음 더 (1) 무적함대의 패배가 가져온 변화

 무적함대의 패배는 에스파냐가 누리던 해상 무역의 권리를 영국에 넘겨주는 계기가 되었습니다. 또한 영국을 중심으로 한 프로테스탄트(개신교) 세력이 에스파냐 같은 가톨릭 국가들에 우위를 점하는 기회가 되기도 했지요. 당시 에스파냐의 식민지였던 네덜란드도 독립하게 됐고요. 영국은 무적함대를 격파한 뒤 유럽의 새로운 강자로 떠올랐고, 훗날 '해가 지지 않는 나라'라는 명성을 얻게 되었습니다.

한 걸음 더 (2) 에스파냐와 스페인이 같은 나라라고?

 에스파냐와 스페인은 같은 나라가 맞습니다. 이 나라의 언어로는 '에스파냐 왕국(Reino de Espa a)'이 정식 명칭이며, 영어로는 '스페인 왕국(Kingdom of Spain)'이라고 하지요. 그러니까 자기 나라에서 부르는 국가명은 에스파냐이고, 영어식 이름이 스페인인 것입니다. 독일의 경우 독일어로는 '도이칠란트(Deutschland)'라고 하지만 영어로는 '저머니(Germany)'라고 하는 식이지요.

나의 생각메모

○

○

○

○

산업혁명이 궁금해?

기계를 이용한 대량 생산의 시작

18세기 들어 영국에서는 인구가 빠르게 늘어났습니다. 그래서 옷과 침구류 등의 재료가 되는 면직물 수요가 급증했지요. 사람들은 보다 효율적인 생산 활동을 위해 새로운 에너지와 기계 개발에 나섰습니다.

면직물 공장에서는 실을 생산하고 옷감을 짜는 기계의 성능을 높여 그 속도가 이전과 비교할 수 없을 만큼 빨라졌습니다. 또한 나무를 대신하는 연료로 석탄을 쓰기 시작해 탄광 작업에 필요한 각종 기계들도 발명했지요.

아울러 그 무렵부터 기계를 돌리는 데 증기기관을 이용했습니다. 석탄을 연료로 삼은 증기기관은 수백 마리의 말이 동시에 끄는 힘을 발휘했지요. 그 덕분에 거대하고 복잡한 기계도 사람들이 손쉽게 다룰 수 있게 되었습니다. 유럽의 산업은 여러모로 엄청난 발전을 이루었지요.

그와 같은 혁신을 가리켜 '산업혁명'이라고 합니다. 영국에서 시작된 산업혁명은 1760년에서 1840년 사이 유럽의 각 나라로 번져갔습니다.

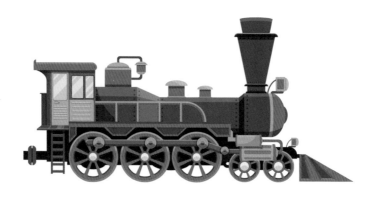

산업혁명이 가져온 변화

산업혁명은 유럽 사회에 엄청난 변화를 불러왔습니다. 우선 공장이 커지면서 일자리가 늘어나 수많은 사람들이 도시로 몰려들었지요. 그 결과 1760년 이후 약 100년 만에 농업 인구가 70퍼센트에서 20퍼센트 수준으로 줄어들었습니다. 그 밖에 원료와 상품의 이동을 위해 철로를 개통했고, 귀족과 평민이 아닌 자본가와 노동자라는 새로운 계층이 만들어졌지요.

증기기관에 대해 알고 싶어

증기기관이란, 증기의 팽창과 응축을 이용해 동력을 얻는 기관을 말합니다. 수증기가 가진 열에너지를 운동에너지로 전환시켜주지요. 증기기관은 과거의 유물이 아닙니다. 지금도 인류가 사용하는 대부분의 전력을 증기기관 또는 증기기관의 원리를 이용해 생산하지요. 증기기관을 처음 발명한 사람은 토머스 뉴커먼인데, 그것을 실용적으로 발전시킨 인물은 제임스 와트입니다.

나의 생각메모

잠깐! 스스로 생각해봐!

■ 인류의 4대 문명으로 일컬어지는 '메소포타미아문명, 이집트문명, 인더스문명, 황하문명'이 언제, 어디에서, 어떻게 발달했는지 정리해보아요.

잠깐! 스스로 생각해봐!

■ 고려와 조선이 얼마나 오랜 역사를 가졌는지, 그 기간 동안 몇 명의 국왕이 나라를 다스렸는지 정리해보아요. 아울러 같은 시기 중국에는 어떤 나라들이 있었는지 알아보아요.

_____

_____

_____

_____

_____

_____

_____

_____

_____

_____

_____

_____

_____

_____

_____

_____

_____

_____

_____

_____

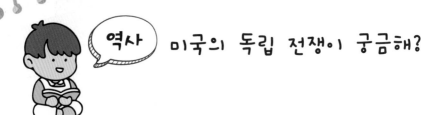

미국의 독립 전쟁이 궁금해?

홀로서기에 성공한 세계 최강국의 출발점

1620년, 영국의 한 항구에서 '메이플라워'라는 이름의 배가 돛을 올렸습니다. 그 배에는 100명 남짓한 사람들이 타고 있었지요. 그들은 신앙의 자유를 찾아 북아메리카로 떠나는 청교도 신자들이었습니다. 당시 영국의 청교도 신자들은 온갖 탄압에 시달려 새로운 땅을 찾기로 마음먹었지요.

그 후 영국에서는 청교도 신자들뿐만 아니라 돈을 벌려는 상인들도 잇달아 바다를 건넜습니다. 그러자 영국은 아예 북아메리카 동북부 지역을 중심으로 13개 주의 식민지를 건설했지요. 북아메리카는 빠르게 영국의 식민지가 되어갔습니다.

그런데 영국은 이민자들이 생활의 안정을 누리기 시작하자 높은 세금을 물리는 등 지배력을 강화했습니다. 때마침 이민자들 가운데 독립된 정부를 갖기 바라는 사람들이 나타나 영국과 충돌을 피할 수 없었지요. 결국 1775년, 총사령관 조지 워싱턴이 이끄는 북아메리카 이민자들은 총칼을 들고 영국 본토와 맞섰습니다. 바로 그 '독립 전쟁'이 오늘날의 미국이 탄생하는 출발점이었지요.

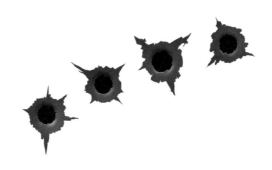

한 걸음 더 (1) 청교도가 뭐야?

'청교도'는 16세기 후반 영국 국교회에 저항하여 생긴 개신교의 한 교파입니다. 여기서 '국교회'는 국왕이나 영주가 절대적 권한을 갖는 프로테스탄트(개신교) 교회 제도를 뜻하지요. 당시 청교도는 국교회에 맞서 성직자의 권위를 최소화했고, 엄격한 도덕을 강조하며 퇴폐와 향락을 멀리했습니다. 따라서 국교회를 중심으로 한 기득권 세력은 여러모로 청교도를 탄압했지요.

한 걸음 더 (2) 조지 워싱턴에 대해 알고 싶어

조지 워싱턴은 북아메리카 이민자들의 총사령관으로서 영국을 상대로 한 독립 전쟁에서 승리를 거두는 데 앞장섰습니다. 그 후 미국의 독립은 1783년 파리 조약을 통해 세계의 인정을 받았고, 1789년 마침내 초대 대통령을 선출했지요. 그때 미국의 첫 대통령에 임명된 영광의 인물이 바로 조지 워싱턴입니다. 그것은 오늘날의 대표적 정치 제도인 대통령중심제가 시작되는 의미 깊은 사건이었지요.

나의 생각메모

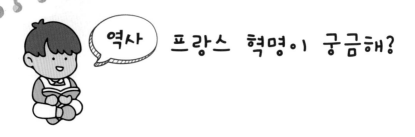

역사 프랑스 혁명이 궁금해?

자유와 평등을 갈망한 시민 혁명

17세기 프랑스 국왕 루이 14세는 태양에 빗댈 만큼 매우 강력한 권력을 행사했습니다. 그에게 국민은 하인이나 다름없었지요. 특히 평민들이 열심히 일하고 세금을 내 국왕과 귀족, 성직자들을 먹여 살렸습니다.

프랑스 왕실은 루이 16세 때 나라 살림을 더욱 엉망으로 만들었습니다. 영국에 대한 경쟁심으로 독립 전쟁에 나선 미국 편을 드느라 많은 돈을 쓰더니 세금을 잔뜩 올리기에 이르렀지요. 더구나 그 무렵 흉년까지 겹쳐 식량 부족이 심각해졌습니다. 하지만 국왕과 귀족들은 국민의 바람에 귀 기울이지 않았지요.

그러자 1789년, 더 이상 참지 못한 프랑스 국민은 '국민 의회'를 조직해 평민들도 행복하게 사는 나라를 만들려고 했습니다. '프랑스 혁명'이 시작된 것이지요. 프랑스 전역은 곧 혁명의 불길에 휩싸여 신분제 등이 폐지되었습니다. 그 해 8월에는 모든 사람이 자유롭고 평등하다는 인권 선언도 발표했지요. 1794년까지 이어진 혁명 기간 중 루이 16세가 처형되는 사건도 벌어졌습니다.

한 걸음 더 (1) 프랑스 혁명은 시민 혁명

 프랑스 혁명을 흔히 '시민 혁명'이라고 표현합니다. 평민, 그러니까 평범한 신분의 보통 사람들이 자발적으로 일으킨 혁명이라는 의미지요. 혁명 전 프랑스 사회는 여러 모순에 휩싸여 있었습니다. 소수의 성직자와 귀족이 온갖 특권을 누리며 평민들의 삶을 힘들게 했지요. 결국 프랑스 국민은 단결해 '앙시앵 레짐'으로 불리는 봉건 체제를 무너뜨리고 국민의 대표들이 주권을 행사하는 '공화정'을 열었습니다.

한 걸음 더 (2) 단두대에서 죽음을 맞은 국왕

 루이 16세는 프랑스 역사상 유일하게 단두대에서 목숨을 잃은 국왕입니다. 프랑스어로 '기요틴'이라고 일컬어지는 단두대는 두 기둥 사이에 도끼날을 달아 사형수의 목을 쳐 죽이는 기구지요. 프랑스 혁명을 피해 다른 나라로 도망가려 했던 루이 16세는 곧 붙잡혀 1793년 1월 단두대에서 처형당했습니다. 그리고 몇 달 후에는 평소 사치가 극심했던 왕비 마리 앙투아네트도 같은 운명을 맞이했지요.

나의 생각메모

역사 나폴레옹 보나파르트가 궁금해?

군인, 황제, 그리고 정복자

프랑스 혁명이 마무리되고 나서 '나폴레옹 보나파르트'가 최고의 권력자가 되었습니다. 그는 프랑스를 넘어 유럽 대륙에 자신의 제국을 건설할 야망을 가졌지요.

나폴레옹은 가장 먼저 알프스를 넘어 오스트리아를 공격했습니다. 그 후 그는 북이탈리아에 이어 에스파냐와 스웨덴 등을 잇달아 무너뜨렸지요. 군대와 프랑스 국민의 강력한 지지를 받게 된 나폴레옹은 1804년 황제 자리에 올랐습니다. 하지만 그에게도 머지않아 위기가 닥쳤지요. 영국이 막강한 해군을 앞세워 끈질기게 저항했고, 이미 정복한 나라들에서 불만의 소리가 커져 갔습니다.

그처럼 어려움에 빠진 나폴레옹에게 결정타를 날린 나라는 러시아였습니다. 나폴레옹은 영국과 가까이 지내는 러시아가 못마땅해 60만 대군을 이끌고 쳐들어갔지요. 하지만 그것은 잘못된 판단이었습니다. 러시아의 강추위에 적응하지 못한 프랑스 군대는 식량까지 떨어지자 후퇴할 수밖에 없었지요. 그 바람에 나폴레옹은 황제 자리에서 물러나 엘바 섬으로 유배를 가게 되었습니다.

한 걸음 더 (1) 국민 투표로 황제가 된 나폴레옹

 프랑스 국민은 혁명으로 왕정을 무너뜨리고 공화정을 세웠습니다. 하지만 1804년 5월 18일 나폴레옹이 황제가 되면서 다시 이전의 정치 체제로 돌아갔지요. 다만 과거의 황제가 세습되었던 것과 달리 나폴레옹은 국민 투표를 통해 황제 자리에 올랐습니다. 당시 그의 인기가 하늘을 찌를 듯 높아 찬성표가 압도적으로 많았지요.

한 걸음 더 (2) 엘바 섬과 세인트헬레나 섬

 나폴레옹 보나파르트에 관해 이야기할 때 빼놓을 수 없는 2개의 섬이 있습니다. 그중 하나는 엘바 섬으로, 러시아 원정에 실패한 그가 1814년 영국·러시아·프러시아·오스트리아군에 파리를 점령당하고 나서 그곳에 유배됐지요. 그 후 나폴레옹은 1815년 엘바 섬을 탈출해 프랑스 황제로 돌아왔습니다. 하지만 그 해 6월 영국과 벌인 워털루 전투에서 패한 뒤 대서양의 세인트헬레나 섬으로 다시 유배되어 그곳에서 삶을 마쳤지요.

나의 생각메모

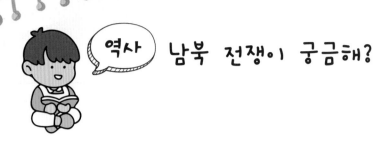

역사 남북 전쟁이 궁금해?

노예 제도의 운명이 걸린 전쟁

1860년, 미국에서 대통령 선거가 치러져 에이브러햄 링컨이 당선되었습니다. 그의 승리가 결정되는 순간 미국 북부에서는 환호성이, 남부에서는 아쉬움 가득한 한숨소리가 쏟아졌지요.

당시 미국은 흑인 노예 제도에 대한 입장 차이로 북부와 남부 주민들 사이에 갈등이 컸습니다. 노예 제도를 공업이 발달한 북부는 반대했고, 대규모 농장에서 목화와 담배 등을 재배하던 남부는 찬성했지요. 남부의 경우 드넓은 농지에 씨를 뿌리고 수확하려면 흑인 노예의 노동력이 필요했습니다.

그런데 에이브러햄 링컨은 노예 제도에 반대하는 사람이었습니다. 그가 대통령에 당선되자 남부 주민들은 미국 연방에서 탈퇴하기로 마음먹었지요.

하지만 링컨 대통령은 남부 주민들의 미국 연방 이탈을 그냥 두고 보지 않았습니다. 전쟁을 해서라도 꼭 막으려고 했지요. 결국 1861년, 북부와 남부 사이에 전쟁이 일어났습니다. 미국에서 벌어진 '남북 전쟁'은 1865년까지 계속되었지요.

한 걸음 더 (1) 남북 전쟁의 결과는?

 남북 전쟁 초기만 해도 미국인들은 그 싸움이 4년이나 이어질 것이라고는 예상하지 못했습니다. 여느 전쟁 못지않게 치열했던 남북 전쟁은 전사자만 해도 북부 36만 명, 남부 25만 명에 달했지요. 남북 전쟁의 승자는 흑인들까지 동참한 북부였습니다. 에이브러햄 링컨은 북부가 승리를 거듭하던 1863년 일찌감치 노예 해방을 선언했지요. 아울러 미국 연방도 굳건히 지켜냈습니다.

한 걸음 더 (2) 에이브러햄 링컨에 대해 알고 싶어

 에이브러햄 링컨은 미국의 제16대 대통령으로 1861년부터 1865년까지 재임했습니다. 그가 이룬 노예 해방은 훗날 미국의 인권을 높이고 인종 통합 정책을 펼치는 데 밑거름이 되었지요. 또한 그는 자치권을 가진 2개 이상의 지방으로 구성된 하나의 국가, 즉 '연방제 국가'의 기틀을 다졌습니다.

나의 생각메모

• 아시아의 침략자가 된 일본 •

일본 국왕 메이지 덴노는 '메이지 유신'을 통해 왕권을 강화한 한편 적극적으로 서양 문물을 받아들였습니다. 그 결과 일본의 국력이 몰라보게 달라졌지요. 일본은 여러 분야에서 현대화를 이루며 사회 제도를 효율성 있게 정비했습니다.

일본은 국력이 강해지자 시선을 나라 밖으로 돌렸습니다. 유럽 강대국처럼 식민지를 만들겠다는 욕심을 가졌지요. 결국 1894년, 일본은 조선을 강탈하려고 청나라와 경쟁하다 전쟁을 벌이게 되었습니다. 그것을 일컬어 '청일 전쟁'이라고 합니다.

청일 전쟁은 아시아에 대한 청나라와 일본의 주도권 다툼이었습니다. 그런데 전쟁이 시작된 곳이 안타깝게도 우리 땅이었지요. 일본은 승리를 거듭했고, 나중에는 청나라 영토로 치고 올라가 베이징까지 위협했습니다.

그런데 그때 미국이 두 나라의 화해를 이끌어 10개월 동안 계속된 전쟁을 끝냈습니다. 일본은 승리의 대가로 엄청난 돈과 타이완 등을 청나라로부터 넘겨받았지요. 그 후 일본은 더욱 노골적으로 아시아를 향한 침략의 손길을 뻗쳤습니다.

한 걸음 더 (1) 일본의 지배를 받은 타이완

타이완 섬을 강제로 합병한 일본의 식민 통치는 1895년부터 1945년까지 이어졌습니다. 비슷한 시기 우리 땅에 조선총독부가 있었던 것처럼 타이완에는 대만 총독부가 설치되었지요. 하지만 청나라도 어차피 만주족이 세운 나라였던 터라 타이완의 독립 의지는 조선만큼 강하지 않았습니다. 일본 제국주의가 패망해 독립한 후에는 중국의 공산화를 피해 온 정부가 타이완에 지금의 대만을 건국했지요.

한 걸음 더 (2) 청나라에 이어 러시아와도 싸운 일본

청일 전쟁 이후 일본은 조선을 놓고 또 다른 나라와 다시 전쟁을 벌였습니다. 그 상대는 다름 아닌 러시아였지요. 1904~1905년 사이 치러졌던 '러일 전쟁'의 승자는 이번에도 일본이었습니다. 그 결과 일본은 열강들로부터 조선에 대한 지배권을 인정받았으며, 요동 반도까지 차지해 대륙 침략의 발판을 다졌습니다.

나의 생각메모

제1차 세계 대전이 궁금해?

전쟁의 불길이 휩쓸고 간 유럽

산업화와 식민지 개척으로 경쟁하던 유럽 국가들은 20세기 들어 크게 2개의 세력으로 나뉘었습니다. 한쪽은 독일, 오스트리아, 이탈리아가 뭉친 '삼국 동맹'이었고, 다른 한쪽은 영국, 프랑스, 러시아가 단결한 '삼국 협상'이었지요. 그들은 같은 편이 다른 나라의 공격을 당할 경우 서로 돕기로 약속했습니다.

그런데 얼마 뒤 두 세력의 갈등이 유럽을 전쟁의 소용돌이에 빠뜨리고 말았습니다. 1914년, '제1차 세계 대전'이 일어났지요. 제1차 세계 대전의 직접적인 원인은 보스니아에서 일어난 오스트리아 황태자 부부 암살 사건이었습니다. 범인이 세르비아인이었던 탓에 오스트리아는 당장 세르비아에 전쟁을 선포했지요.

그렇게 시작된 전쟁의 불길은 금세 여러 나라로 번져갔습니다. 독일은 오스트리아 편에 서서 세르비아를 돕는 러시아에 선전 포고를 했고, 프랑스는 러시아를 지원하며 독일에 맞섰지요. 뒤이어 영국도 독일에 선전 포고를 했고요. 전쟁은 4년이 지난 1918년, 독일이 항복하고 나서야 겨우 끝났습니다.

유럽의 화약고

 제1차 세계 대전이 일어난 곳은 '발칸 반도'였습니다. 발칸 반도는 유럽과 아시아를 잇는 지역이라 오래 전부터 다툼이 자주 발생했지요. 그래서 발칸 반도를 가리켜 '유럽의 화약고'라고 불렀습니다. 오늘날 발칸 반도에 속하는 국가는 그리스 · 불가리아 · 루마니아 · 세르비아 · 몬테네그로 · 크로아티아 · 보스니아-헤르체고비나 · 슬로베니아 · 알바니아 · 마케도니아 등입니다.

보스니아 사라예보 사건의 배경이 알고 싶어

 제1차 세계 대전이 일어나기 전, 보스니아는 오스트리아의 지배를 받고 있었습니다. 그래서 오스트리아 황태자 부부가 보스니아의 사라예보를 방문했던 것이지요. 그런데 마침 그곳에서 세르비아 청년이 총을 쏘아 두 사람의 목숨을 앗아갔던 것입니다. 그 무렵 보스니아의 세르비아인들은 오스트리아의 지배에서 벗어나 이웃한 세르비아와 합치고 싶어 했지요. 그런 까닭에 오스트리아는 세르비아가 보스니아에 사는 자기 민족을 지원해 황태자 부부를 죽였다고 판단했습니다.

나의 생각메모

정신 차려, 자본주의!

니콜라이 2세는 러시아의 마지막 황제입니다. 그는 러일 전쟁에서 패한데다 제1차 세계 대전에 참전해 나라 살림을 엉망으로 만들었지요. 더는 참지 못한 국민들이 그를 왕실에서 내쫓아 러시아에서 황제의 시대가 막을 내렸습니다.

그 무렵 러시아에는 '볼셰비키'라는 정당이 있었습니다. 그들은 지도자인 블라디미르 레닌과 함께 사회주의 이론가 카를 마르크스의 가르침을 따랐지요. 볼셰비키는 러시아에서 개인의 재산 소유를 금지하고 모든 생산 수단을 국유화하는 사회주의 사상을 현실로 옮기기 위해 노력했습니다. 그들은 니콜라이 2세를 황제 자리에서 끌어내린 러시아 국민들의 시위를 이끌기도 했지요. 그 역시 자신들의 이상을 실현해 가는 하나의 과정이었습니다.

그리고 1917년 10월, 드디어 볼셰비키는 권력을 잡아 블라디미르 레닌을 러시아의 지도자로 삼고 새로운 정부를 조직했습니다. 그 사건을 일컬어 '러시아 혁명'이라고 하지요. 그렇게 러시아는 세계 최초의 사회주의 국가가 되었습니다.

한 걸음 더 (1)   두 차례에 걸쳐 일어난 러시아 혁명

러시아 혁명은 1917년 2월과 그 해 10월 두 차례에 걸쳐 이루어졌습니다. 2월 혁명을 통해 황제가 지배하는 러시아 제국이 멸망하고 러시아 공화국이 수립됐지요. 그리고 볼셰비키가 권력을 쟁취한 10월 혁명으로 러시아 공화국이 사라지고 곧 '소비에트사회주의공화국연방(소련)'이 세계무대에 등장했습니다. 참고로, 소비에트는 러시아어로 '회의'라는 뜻을 갖고 있습니다.

한 걸음 더 (2)   블라디미르 레닌에 대해 알고 싶어

블라디미르 레닌은 러시아 출신의 정치가입니다. 러시아 혁명에 성공해 노동자와 농민을 중심으로 한 세계 최초의 사회주의 국가를 세웠지요. 그는 1870년에 태어나 1924년 삶을 마쳤습니다. 러시아에 사회주의 사상을 실현하기 위해 토지를 농민에게 나눠주고 기업과 공장을 국가 소유로 만들었지요. 수도도 모스크바로 옮겼고요. 그리고 1922년 소비에트사회주의공화국연방의 탄생을 주도했습니다.

나의 생각메모

○

○ -

○ -

○ -

역사 관동 대지진이 궁금해?

어처구니없는 탄압의 핑계

일본은 지진이 자주 발생하는 나라입니다. 1923년에도 일본 수도 도쿄가 위치한 관동 지방에 강력한 지진이 발생했지요. 곳곳에 화재가 일어나고 지진해일이 밀려와 도쿄의 3분의 2가 파괴되었습니다. 14만 명에 달하는 사망자와 수십 만 채의 건물 파괴. 엄청난 지진의 충격에 일본 국민은 큰 혼란에 빠졌지요.

그러자 일본 정부에서는 국민의 불만을 우리나라 사람들에게 돌리기로 작정했습니다. 조선인들이 우물에 독약을 집어넣었다, 폭동을 일으키려 한다는 등 거짓 소문을 퍼뜨렸지요. 그와 같은 유언비어는 조선인들에 대한 무차별 학살로 이어졌습니다. 그런 어이없는 사건은 관동 지방을 넘어 일본 전역에서 일어났지요. 그 무렵 일본 제국주의에 학살된 조선인 수는 1만 명 안팎에 이를 정도였습니다.

일본 정부의 만행은 그것으로 그치지 않았습니다. 그들은 곧 조선에 우호적이었던 일본인들에게도 폭력의 손길을 뻗쳤지요. 결국 그 일로 양심을 저버리지 않았던 수십 명의 일본 지식인이 목숨을 빼앗기고 말았습니다.

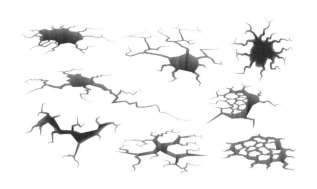

한 걸음 더 (1)   나라 잃은 설움, 일제강점기

'일제강점기'는 한반도가 일본 제국주의의 식민 지배를 받았던 기간을 가리킵니다. 1910년 한일 병합으로 대한제국이 멸망한 이후 1945년 광복되기까지 35년 동안 조선총독부를 통해 통치하는 형식으로 이뤄졌지요. 일본의 식민지 정책은 사회·경제적 수탈을 넘어 참담한 민족 탄압으로 이어졌습니다. 그리고 훗날 한반도의 분단을 가져오는 근본적인 원인이 되기도 했지요.

한 걸음 더 (2)   일본에 대해 알고 싶다고?

일본의 존재가 서양에 알려진 시기는 15~16세기 무렵이었습니다. 그 후 서양인의 시각에서 다양한 탐구가 이뤄졌는데, 미국의 문화인류학자 루스 베네딕트가 1946년에 내놓은 연구 보고서를 빼놓을 수 없습니다. 그것은 『국화와 칼』이라는 제목으로 출판되었지요. 그 책은 일본인의 보편적 사고방식과 문화를 잘 설명해 지금도 일본을 이해하는 중요한 자료로 평가받습니다.

나의 생각메모

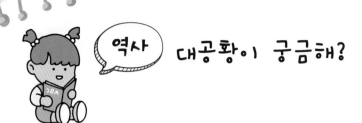

● 한순간에 휘청거린 세계 경제 ●

1929년 10월, 미국 뉴욕의 증권 거래소에 한바탕 소동이 벌어졌습니다. 하루아침에 주식 가치가 폭락했기 때문이지요. 투자자들은 너나없이 손해를 감수하면서 서둘러 주식을 내다 팔아 혼란이 점점 더 커졌습니다.

주식의 가치가 크게 떨어지자 수많은 투자자가 파산했습니다. 기업들은 문을 닫았고, 전체 노동자 중 약 30퍼센트가 실업자가 되었지요. 그야말로 미국 경제에 심각한 위기를 불러온 '대공황'이었습니다.

때마침 미국에는 심한 가뭄까지 들어 상황이 더욱 나빠졌습니다. 미국의 대공황은 곧 유럽에도 영향을 끼쳤지요. 유럽은 미국과 경제적으로 매우 밀접한 관계였습니다. 독일과 영국에서 은행이 문을 닫는 등 한바탕 태풍이 휘몰아쳤지요.

대공황은 1933년까지 계속되었고, 그 후에도 한동안 후유증을 남겼습니다. 미국 대통령 프랭클린 루스벨트가 적극적으로 일자리를 만드는 정책을 펴고, 제2차 세계 대전이 일어나 군수품 공장들이 활기를 띠면서 가까스로 막을 내렸지요.

한 걸음 더 (1)　증권 거래소는 뭐 하는 곳일까?

주식을 사거나 팔려는 사람들이 일정한 시간에 모여 매매할 수 있도록 만든 유통 시장을 '증권 거래소'라고 합니다. 거의 모든 자본주의 국가에 존재하며, 우리나라의 경우에도 '한국거래소'라는 이름으로 설치되어 있지요. 주식의 의미에 관해서는 제1권 경제 관련 개념어에서 설명한 내용을 참고하기 바랍니다.

한 걸음 더 (2)　대공황 극복을 위한 뉴딜 정책

미국 제32대 대통령 프랭클린 루즈벨트는 대공황을 극복하는 업적을 남겼습니다. 그는 1933년 대통령에 취임한 뒤 여전히 어두운 그림자를 드리우고 있던 경제 위기에서 벗어나기 위해 '뉴딜 정책'을 펼쳤지요. 그것은 한마디로 경제 부흥 정책이었습니다. 루즈벨트 정부는 경제 활동에 적극적으로 개입해 은행을 통제하고, 농업 생산을 관리했지요. 아울러 여러 국가사업을 벌여 일자리를 크게 늘렸습니다.

나의 생각메모

○ ---

○ ---

○ ---

○

제2차 세계 대전이 궁금해?

또다시 전쟁의 포화 속으로

제1차 세계 대전의 패전국 독일은 미국에서 시작된 대공황까지 겹쳐 큰 고통을 겪었습니다. 그때 아돌프 히틀러가 독일 국민을 선동하며 고난을 끝낼 희망으로 떠올랐지요. 그런데 그는 독일의 자존심을 회복하는 방법으로 잘못된 선택을 했습니다. 그것은 다름 아닌 전쟁이었지요.

1939년, 히틀러의 독일은 마침내 폴란드를 공격했습니다. 그 후 노르웨이, 벨기에, 네덜란드에 이어 프랑스 수도인 파리까지 점령했지요. 영국도 독일 공군의 폭격에 폐허가 되어갔습니다. 그러자 1940년 이탈리아가 독일을 거들며 전쟁에 나섰고, 1941년에는 일본이 미국의 진주만을 기습 공격하며 참전했지요. 자연스레 미국도 전쟁에 개입하게 됐습니다.

그때부터 제2차 세계 대전은 미국, 영국, 프랑스, 소련을 중심으로 한 연합군과 독일, 이탈리아, 일본이 동맹한 추축국들 사이에 치열하게 전개됐습니다. 그러다가 독일이 소련 침략에 실패하는 등 전쟁은 점점 연합군이 주도권을 쥐게 됐지요.

한 걸음 더 (1)　제2차 세계 대전의 결말

　제2차 세계 대전은 1939년에 시작돼 1945년까지 이어졌습니다. 무려 1억 명 가까이 희생돼 인류 역사상 가장 큰 인명 피해를 낳은 전쟁으로 알려져 있지요. 전쟁 초기 추축국의 기세는 금방이라도 세계를 점령할 듯했으나 지나친 욕심을 부린데다 미국이 참전하게 되면서 연합국의 승리로 막을 내렸습니다. 1943년 9월 이탈리아를 시작으로 1945년 5월에 독일, 그 해 8월에는 일본이 항복을 선언했지요. 아돌프 히틀러는 미국과 소련 군대가 베를린으로 다가오자 자살하고 말았습니다.

한 걸음 더 (2)　추축국은 어떤 뜻일까?

　제2차 세계 대전 때 독일, 이탈리아, 일본 세 나라의 동맹을 일컬어 '추축국'이라고 했습니다. 그 출발은 독일의 아돌프 히틀러와 이탈리아를 이끈 베니토 무솔리니의 우호 협정이었지요. 당시 무솔리니는 독일과 이탈리아가 전 세계에 큰 변화를 가져올 추축, 즉 '중심 축'이라고 선언했습니다. 일본은 1940년에 가담했지요.

나의 생각메모

• 유대인 학살의 참혹한 현장 •

아돌프 히틀러는 유대인을 몹시 싫어했습니다. 심지어 유대인이 세상에서 사라져야 할 민족이라고 생각했지요. 유대인에 대한 히틀러의 증오심은 제2차 세계 대전이 한창일 때 강제 수용소를 만든 것을 보면 잘 알 수 있습니다.

1940년 4월, 히틀러는 폴란드의 작은 도시 '아우슈비츠'에 첫 번째 수용소를 세웠습니다. 그 후 그곳에서는 온갖 잔인한 실험과 학살이 이어져 유대인 탄압의 중심이 되었지요. 이듬해에는 아우슈비츠 2호, 3호 수용소를 잇달아 만들었습니다.

전쟁이 끝난 뒤, 사람들은 아우슈비츠 수용소에서 독일이 저지른 만행을 '홀로코스트'라고 했습니다. 홀로코스트란 원래 사람이나 동물을 대량으로 죽이는 것을 일컫지요. 그런데 이제는 홀로코스트가 유대인 대학살을 의미하게 되었습니다.

아우슈비츠 수용소는 1945년 1월에 이르러서야 해방되었습니다. 그때까지 약 600만 명의 유대인이 인종 청소라는 얼토당토않은 이유로 학살당했지요. 하루에 수천 명의 사람들이 목숨을 빼앗겼던 셈입니다.

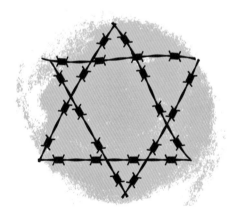

한 걸음 더 (1) 유대인은 어떤 민족일까?

'유대인'은 히브리어를 사용하며, 유대교를 믿는 민족입니다. 고대에 팔레스타인에 거주하다가 로마 제국이 예루살렘을 파괴하는 바람에 오랫동안 세계 각지에 흩어져 살았지요. 그 기간 유대인은 많은 차별과 박해에 시달렸습니다. 그들은 1948년에 이르러서야 다시 팔레스타인으로 돌아와 이스라엘을 건국했지요. 유대인을 한자어로는 '유태인'이라고 합니다.

한 걸음 더 (2) 유대인을 혐오했던 나치스

아돌프 히틀러는 '나치스'를 이끌며 독일 최고의 권력자가 되었습니다. 1919년 처음 결성된 나치스는 반민주주의, 반사회주의와 함께 반유대인을 내세우는 전체주의 정당이었지요. 그들은 강력한 국가주의를 앞세워 1933년 정권을 잡은 뒤, 독일의 게르만족이 가장 우수한 민족이라고 주장하며 제2차 세계 대전을 일으켰습니다.

나의 생각메모

○ ------------------------------------

○ ------------------------------------

○ ------------------------------------

○ ------------------------------------

원자폭탄이 궁금해?

끔찍하기 짝이 없는 버섯구름의 위력

미국은 제2차 세계 대전 중 무엇에도 견줄 수 없을 만큼 강력한 무기를 개발했습니다. 그것은 '원자폭탄'이었지요. 미국 과학자들은 1945년 7월, 뉴멕시코 주에서 최초로 원자폭탄을 만들어 실험까지 마쳤습니다. 그리고 불과 한 달 만에 그것을 직접 전쟁에 사용했지요.

엄청난 위력을 지닌 원자폭탄이 처음 떨어진 곳은 일본의 히로시마와 나가사키였습니다. 당시 일본은 미국 공군의 폭격에 시달리면서도 좀처럼 항복하지 않았지요. 그러자 미국은 하루빨리 전쟁을 끝내려고 원자폭탄을 투하했습니다. 사흘 간격으로 잇달아 원자폭탄 공격을 받은 일본은 결국 항복을 선언하고 말았지요.

그런데 원자폭탄이 일본에 입힌 피해는 예상보다 훨씬 컸습니다. 사망자 수만 해도 히로시마에서 14만 명, 나가사키에서 7만 명에 달했지요. 아울러 그보다 많은 사람들이 방사능에 노출되는 바람에 시력을 잃고 화상을 입어 극심한 고통을 겪었습니다. 한마디로 두 도시는 지옥으로 변했지요.

한 걸음 더 (1)   원자폭탄보다 더 강력한 수소폭탄

1952년, 미국은 원자폭탄보다 160배가 넘는 폭발력을 가진 '수소폭탄'을 개발했습니다. 원자폭탄은 핵분열 반응, 수소폭탄은 핵융합 반응을 이용한 핵무기지요. 수소폭탄은 원자폭탄을 기폭 장치로 사용하기 때문에, 원자폭탄 기술을 보유해야 수소폭탄도 만들 수 있습니다. 현재 미국, 러시아, 영국, 중국, 프랑스, 인도 이스라엘, 파키스탄 등이 그처럼 놀라운 위력을 지닌 핵무기를 개발했지요.

한 걸음 더 (2)   원폭 돔을 세계문화유산으로 지정한 이유

일본 히로시마에는 '원폭 돔'이라는 이름으로 원자폭탄 피해 건물이 보존되어 있습니다. 건물은 앙상한 뼈대만 남아 그날의 참혹했던 공포를 침묵으로 말해주지요. 그런데 1996년, 유네스코는 원폭 돔을 세계문화유산으로 지정했습니다. 물론 일본이 원자폭탄 공격을 받은 것은 전쟁을 일으킨 대가였습니다. 하지만 그 원인을 떠나 원자폭탄 같은 무기가 실제로 사용된 것은 크나큰 불행이었지요. 원폭 돔을 세계문화유산으로 지정한 것은 바로 그 점을 잊지 말라는 충고였습니다.

나의 생각메모

○ ---
○ ---
○ ---
○

문화대혁명이 궁금해?

나를 따르지 않으면 가만두지 않아

제2차 세계 대전 후 중국에서는 마오쩌둥의 공산당과 장제스가 지휘하는 국민당이 대립했습니다. 두 세력이 내전을 벌인 결과 국민당이 패해 타이완으로 달아났지요. 마오쩌둥은 중국 땅에 사회주의 국가 '중화인민공화국'을 건국했습니다.

그런데 중국에 변화의 바람을 불러일으키려던 마오쩌둥의 계획은 순탄하지 못했습니다. 엄청난 인구를 먹여 살리려는 식량 정책 등이 실패로 돌아가 권력을 잃는 위기까지 맞았지요. 하지만 마오쩌둥은 쉽게 역사의 뒤안길로 사라지지 않았습니다. 1966년 다시 권력을 잡은 그는 더욱 강력한 정책을 펼쳤지요. 자신의 사회주의 사상을 제대로 실천하기 위해 '문화대혁명'을 실시한 것입니다.

1976년까지 10년 동안 계속된 문화대혁명은 극단적인 사회주의 운동이자, 반대파를 몰아내는 권력 투쟁이었습니다. 마오쩌둥의 정책을 따르지 않는다는 이유로 약 300만 명의 반대파가 자리에서 물러나거나 목숨을 잃었지요. 문화대혁명의 혼란은 마오쩌둥이 죽고 나서야 잦아들었습니다.

한 걸음 더 (1)   문화대혁명의 수호자, 홍위병

 마오쩌둥은 자본주의를 물리치기 위해 젊은이들이 적극적으로 나서야 한다고 주장했습니다. 그는 전국 각지에 '홍위병'이라는 청년 조직을 만들어 자신의 세력을 넓혔지요. 대학생과 고등학생을 중심으로 한 홍위병은 마오쩌둥이 문화대혁명을 실시할 때 큰 힘을 발휘했습니다. 특히 문화대혁명 초기 사회주의가 들어서기 전의 중국 전통 문화를 부정하며 반대파를 탄압하는 등 거침없이 무력을 휘둘렀지요.

한 걸음 더 (2)   지금의 중국을 만든 마오쩌둥과 덩샤오핑

 마오쩌둥이 사망한 뒤 중화인민공화국의 권력을 잡은 인물은 '덩샤오핑'입니다. 마오쩌둥이 중국 땅에 사회주의를 정착시켰다면, 덩샤오핑은 그 토대 위에서 과감한 개혁을 단행해 중국의 부흥을 이끌었지요. 그는 1978년부터 1992년까지 최고 지도자로 군림하며 사회주의 국가 중국이 실용적인 발전을 이루는 데 앞장섰습니다. 정치는 사회주의를 굳게 유지하면서도 경제는 자본주의 정책을 받아들였지요.

나의 생각메모

○

○

○

○

역사 베트남 전쟁이 궁금해?

베트남사회주의공화국으로 가는 길

 베트남은 우리나라처럼 제2차 세계 대전이 끝나고 나서 분단됐습니다. 100여 년 동안 식민 지배를 했던 프랑스가 물러난 뒤 중국과 소련이 베트남 북쪽, 미국과 영국이 베트남 남쪽에 영향력을 행사했지요.

 그런데 얼마 후 남베트남에도 '베트남민족해방전선(베트콩)'이 만들어져 사회주의 세력을 넓혀갔습니다. 남베트남은 쿠데타에 시달리며 혼란스러웠고, 통일을 명분으로 내세워 베트콩을 지지하는 사람들이 점점 늘어났지요. 그러자 사회주의 세력 확장에 불안을 느낀 미국이 본격적으로 베트남에 군대를 보내기 시작했습니다. 그리고 1965년, 북베트남에 공습을 감행했지요.

 하지만 베트남의 사회주의자들은 강대국 미국에 10년 넘게 끈질기게 맞섰습니다. 우리나라를 비롯해 몇몇 나라가 군대를 보내 미국을 도왔지만 달라지는 것은 없었지요. 결국 미국은 1975년 베트남에서 완전히 철수할 수밖에 없었습니다. '베트남 전쟁'은 북베트남의 승리로 끝나 사회주의 국가로 통일되었지요.

한 걸음 더 (1)   호찌민의 옛 이름은 사이공

베트남 전쟁 당시 남베트남의 수도는 '사이공'이었습니다. 1975년 4월 30일, 북
베트남과 베트콩 군대가 사이공을 함락시키면서 기나긴 전쟁이 끝났지요. 그 후
북베트남은 남베트남과 통일을 선언하고 나서 베트남사회주의공화국을 수립했
습니다. 아울러 사이공의 명칭을 '호찌민'으로 바꾸었지요. 호찌민은 베트남의 독
립 운동 지도자이자 북베트남에서 사회주의의 기반을 다진 인물입니다.

한 걸음 더 (2)   베트남 전쟁에 군대를 보낸 한국

베트남 전쟁이 시작될 무렵 대한민국 정부는 미국의 요청을 받아들여 파병을 결
정했습니다. 1965년부터 1973년까지 8년에 걸쳐 약 30만 명의 전투병을 보냈
지요. 그 결정은 우리나라에 미국과 함께 자본주의 진영을 돕는다는 명분과 경제
적 이익을 가져다주었습니다. 하지만 다른 나라 내전에 끼어들었다는 비판과 5천
명이 넘는 사망자를 낳은 비극에서 자유로울 수는 없지요.

나의 생각메모

○

○

○

○

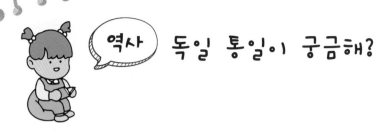

역사 독일 통일이 궁금해?

더 이상 분단의 아픔은 없어

 제2차 세계 대전에서 패전한 독일은 연합국인 미국, 영국, 소련, 프랑스 4개국의 통치를 받아야 했습니다. 그 목적은 독일이 다시는 하나로 힘을 뭉치지 못하게 하는 것이었지요. 그러다가 1949년, 소련의 지원을 받은 동독과 미국의 지원을 받은 서독에 각각 독립된 정부가 들어섰습니다.

 그로부터 40년 넘게 독일은 분단의 아픔을 겪었습니다. 이념 때문에 서로를 헐뜯고 미워했지요. 하지만 독일 국민은 통일의 꿈을 버리지 않았습니다. 서독이 먼저 튼튼한 경제력으로 가난한 동독을 도와준 것이 밑거름이 되었지요. 더불어 때마침 소련의 미하일 고르바초프 대통령이 개방 정책을 펼친 것도 큰 도움이 되었습니다. 동유럽 국가들처럼 동독도 점점 소련의 간섭에서 벗어나게 되었거든요.

 그와 같은 과정을 거쳐 독일은 마침내 1990년 10월 3일 역사적인 순간을 맞이했습니다. 서독과 동독, 그리고 미국, 영국, 소련, 프랑스가 회담을 열어 '독일 통일'을 결정했지요. 그렇게 지구상에서 또 하나의 분단국가가 사라졌습니다.

한 걸음 더 (1)   통일만큼 통일을 이룬 다음이 중요해

 통일 독일은 곧 적지 않은 문제에 부딪혔습니다. 무엇보다 독일을 고루 발전시키기 위해 옛 서독 주민들이 내야 하는 세금이 너무 많았지요. 그러자 그들 사이에서 불만 섞인 소리가 들리기 시작했습니다. 또한 동독 지역에서도 서독 주민들이 자본주의에 익숙하지 않은 자신들을 이용해 돈만 벌려고 한다며 불평했지요. 그처럼 한 나라의 통일은 국토를 합치는 것만으로 끝나는 것이 아닙니다. 어느 면에서는 통일이 되는 것보다 통일되고 나서 겪어야 할 어려움이 훨씬 크지요.

한 걸음 더 (2)   글라스노스트와 페레스트로이카

 앞서 언급한 미하일 고르바초프는 1985년부터 1991년까지 소련의 대통령으로 재임했습니다. 그의 대표 업적은 소련을 변화시킨 '글라스노스트'와 '페레스트로이카' 정책이었지요. 그것은 우리말로 '개방'과 '개혁'을 의미합니다. 그는 사회주의 국가인 소련의 발전을 위해 민주주의와 자본주의 경제의 장점을 배우려고 노력했지요.

나의 생각메모

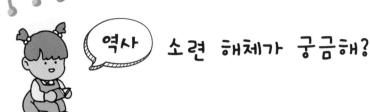

역사 소련 해체가 궁금해?

우리는 이념으로 뭉쳤을 뿐이야

1922년, 러시아 최고 권력자가 된 이오시프 스탈린은 이웃 나라들에도 사회주의 이념을 적극 전파했습니다. 그 결과 러시아, 우크라이나, 벨로루시, 투르크메니스탄, 우즈베키스탄, 타지키스탄, 카자흐스탄, 리투아니아 등으로 이루어진 '소련(소비에트사회주의공화국연방)'이 탄생하게 됐지요.

하지만 소련의 역사는 오래 가지 못했습니다. 1985년, 소련의 대통령이 된 미하일 고르바초프는 국민들에게 자유를 주기 위해 노력했지요. 기업들도 국가의 간섭에서 벗어나 경제 활동을 하도록 허락했고요. 미국 대통령과 세계의 문제를 평화롭게 해결하자고 뜻을 모으며 무기 개발 비용을 줄이기도 했습니다.

그러자 미처 예상하지 못한 일이 일어났습니다. 소련의 연방 국가들이 중앙 정부의 통제가 약해진 틈을 타 독립을 외쳐댔지요. 결국 고르바초프에 이어 보리스 옐친이 대통령으로 재임한 1991년 12월 26일, 러시아를 비롯한 각 나라들은 독립 국가가 되었습니다. 다시 말해 '소련 해체'가 이루어진 것입니다.

한 걸음 더 (1) 미국과 맞섰던 강대국 소련

제2차 세계 대전이 끝나고 동유럽과 중국의 공산화가 빠르게 진행됐습니다. 소련은 그들을 포함한 사회주의 진영의 리더가 되어 미국과 치열하게 최강국 자리를 놓고 다투었지요. 당시 소련의 국토 면적은 무려 2천240만 제곱킬로미터에 달했습니다. 미국과 중국의 땅을 합친 것보다 더 넓었지요. 인구도 2억7천만 명이 넘었고요. 소련의 군사력 역시 핵무기 양 등이 미국을 능가할 정도였습니다.

한 걸음 더 (2) 소련 해체의 의미

1991년을 겨우 닷새 남겨놓은 날, 사회주의 연방 국가 소련은 끝내 역사 속으로 사라졌습니다. 1917년 세계 최초로 사회주의 혁명이 일어난 때를 기준으로 하면 74년 만의 일이었지요. 소련 해체는 수십 년 동안 자본주의에 맞서 경쟁했던 사회주의의 몰락을 의미했습니다. 그 후 세계 질서는 자본주의 독주 체제가 굳어졌지요. 그렇다고 소련 해체가 자본주의의 완전무결을 증명하는 것은 아닙니다.

나의 생각메모

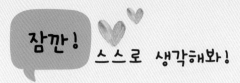

잠깐! 스스로 생각해봐!

■ 미국은 '연방제' 국가입니다. 그것이 무엇을 의미하는지 알아보고 미국의 국토 면적, 인구, 수도, 종교, 인종 구성 등에 대해 조사해보아요.

잠깐! 스스로 생각해봐!

■ 독일의 분단과 한반도의 분단에 어떤 차이점이 있는지 비교해봐요. 독일의 통일을 참고해, 대한민국이 한반도의 통일에 앞서 어떤 준비를 해야 할지 생각해보아요.

2

우등생이 공부하는
32가지 생각 씨앗

[상식]

• 세상과 소통하는 길 •

현대 사회는 정보가 홍수처럼 쏟아집니다. 내가 굳이 원하지 않아도 숱한 정보를 접하게 되지요. 그런 현실의 중심에 '미디어'가 자리 잡고 있습니다.

미디어를 우리말로 옮기면 '매체'라고 할 수 있습니다. 매체는 무엇을 한쪽에서 다른 쪽으로 전달하는 수단 같은 것입니다. 그러므로 대중에게 정보와 사건을 전달하는 신문과 텔레비전 등이 매체, 즉 미디어지요.

미디어는 흔히 신문, 잡지, 책 같은 인쇄 매체와 텔레비전, 라디오 같은 시청각 매체로 구분합니다. 인쇄 매체는 19세기, 시청각 매체는 20세기 들어 발달하기 시작해 지금까지 큰 영향을 끼치고 있지요.

그런데 최근에는 새로운 매체인 '뉴미디어'가 속속 등장하고 있습니다. 뉴미디어는 케이블 방송, 위성 방송, 인터넷을 비롯해 기존 방식에 얽매이지 않는 각종 통신 매체를 일컫지요. 나아가 이제는 소셜 네트워크 서비스(SNS)나 동영상 공유 서비스를 이용한 미디어도 출현하기에 이르렀습니다.

한 걸음 더 (1) 미디어는 매스미디어

현대 사회에서 미디어는 '매스미디어'의 성격을 띱니다. 미디어의 우리말이 매체라고 했는데, 매스미디어라면 '대중매체'라고 할 수 있지요. 말 그대로 '불특정한 수많은 사람들을 위한 매체'라는 뜻입니다. 그만큼 오늘날에는 미디어가 갖는 영향력이 매우 크지요. 미디어가 설정한 방향대로 수많은 사람들의 가치 판단이 달라질 수 있으니까요. 따라서 합리적 이성으로 미디어를 대하는 자세가 중요합니다.

한 걸음 더 (2) 활짝 열린 1인 미디어 시대

최근의 미디어는 매스미디어면서 '1인 미디어'라는 정반대의 모습을 보입니다. 동영상 공유 서비스 등을 통해 개인이 뉴스와 정보를 생산하거나 전달하는 것이 가능해졌지요. 그것은 유튜브 같은 첨단 영상 기술에 다양한 소셜 네트워크 서비스가 결합한 결과입니다. 물론 그 기반은 인터넷이라는 가상공간이 제공했고요. 지금과 같은 1인 미디어 시대에는 누구나 뉴스와 정보의 공급자가 될 수 있습니다.

나의 생각메모

○

○

○

○

상식 증후군이 궁금해?

증상이 심하면 치료가 필요할 수 있어

사회 구성원 사이에 공통된 질병이나 심리적 문제 등이 집단적으로 일어나는 증상을 '증후군'이라고 합니다. 영어로는 '신드롬'이라고 하지요. 몸과 정신의 질병이나 심리, 문화 현상 등에 관한 어떤 경향이 극소수의 사람이 아니라 적지 않은 사회 구성원에게 나타날 때 그렇게 표현합니다.

대개 증후군은 신체의 질병과 정신 질환 분야의 의학 용어를 비롯해 심리학 용어에 자주 등장합니다. 신체의 질병에 관련된 것으로는 배탈이 잘 나는 '과민성대장증후군', 정신 질환에 관련된 것으로는 일을 너무 많이 해 정신적으로 탈진한 상태인 '번아웃증후군' 같은 것을 예로 들 수 있습니다.

그리고 그 밖에 사회 현상을 대변하는 신조어로 새로운 증후군이 만들어지기도 합니다. 이를테면 유명 아이돌 그룹에 열광하는 사회 분위기를 언론에서 '비티에스(BTS)증후군'이라는 식으로 보도할 때가 있지요. 명절에 주부들이 받는 스트레스를 '명절증후군'이라고 하는 것도 또 다른 사례입니다.

사람의 정신과 심리에 관련된 증후군

'피터팬증후군' – 어른이 되어서도 성인 사회에 적응하지 못하고 계속 어린아이처럼 행동하고 싶어 하는 것. '스마일마스크증후군' – 얼굴은 항상 웃고 있지만, 마음은 절망감으로 가득한 사람들을 일컫는 것. '스톡홀름증후군' – 인질로 붙잡힌 사람들이 시간이 지나면서 점점 인질범을 이해하고 동정하게 되는 심리. 스웨덴 스톡홀름의 한 은행에서 일어난 인질 사건에서 유래됨.

시대 변화에 따라 나타나는 새로운 증후군

'아도니스증후군' – 이른바 몸짱이 되기 위해 지나치게 운동에 매달리는 경우처럼, 외모에 병적으로 집착하는 남성들을 일컫는 말. '리셋증후군' – 컴퓨터에 문제가 생겼을 때 리셋 버튼을 누르듯 현실도 언제든 리셋할 수 있다고 착각하는 것. '인터넷미아증후군' – 인터넷 검색을 하다가 처음의 목적을 잊고 여기저기 불필요한 웹 서핑을 하는 것. 그 모습이 길을 잃고 헤매는 미아를 떠올리게 해서 생겨남.

나의 생각메모

○

○

○

○

상식 콤플렉스가 궁금해?

사람은 열등감 때문에 발전하기도 하지

오스트리아 출신 정신과 의사 지그문트 프로이트는 인간의 심리를 깊이 연구해 '정신분석학'이라는 학문을 개척했습니다. 정신분석학에 따르면, 인간에게는 무엇에 짓눌린 듯한 억압된 심리가 있다고 하지요.

프로이트와 함께 정신분석학을 한 단계 더 발전시킨 인물이 스위스 출신 심리학자이자 정신과 의사 카를 구스타프 융입니다. 그는 인간의 심리를 억압하는 정체를 '콤플렉스'라고 했지요.

융은 모든 사람에게 콤플렉스가 있다고 주장했습니다. 다만 그것을 의식하는 경우가 있고, 그렇지 않은 무의식의 경우가 있다고 보았지요. 아울러 무의식중에 갖는 콤플렉스가 더욱 심각한 증세를 보인다고 말했습니다.

콤플렉스는 '열등감', '욕구 불만', '강박 관념' 같은 우리말로 옮길 수 있습니다. 이를테면 '인간의 정신과 마음에 쌓여 있는 한이나 불만, 억눌린 생각' 같은 것이지요. 인간의 심리가 복잡하듯 콤플렉스의 종류도 매우 다양합니다.

사람들이 가진 이런저런 콤플렉스

'신데렐라콤플렉스' - 자신의 노력으로 인생을 개척하기보다, 오직 능력 있는 남자를 만나 하루아침에 자신의 삶을 빛나게 하려는 욕심을 가진 여자의 심리. '나폴레옹콤플렉스' - 키가 작은 것에 대해 지나치게 열등감을 가져 공격적인 태도를 보이는 심리. '카인콤플렉스' - 부모의 사랑을 더 많이 차지하기 위해 다투는 것처럼 형제들이 서로 경쟁하고 미워하는 무의식의 심리.

또 알아둬야 할 사람, 알프레트 아들러

지그문트 프로이트의 제자이면서 카를 구스타프 융보다 5살 많았던 '알프레트 아들러'는 두 사람 못지않게 뛰어났던 정신의학자입니다. 그를 상징하는 말로 '열등콤플렉스'를 이야기할 수 있지요. 아들러는 인간이 가진 열등감이 곧 행동의 동기이자 추진력이 된다고 보았습니다. 이를테면 색약이라서 빛깔을 판별하는 힘이 약한 사람이 오히려 그 콤플렉스를 극복해 위대한 화가가 될 수 있다고 강조했지요.

나의 생각메모

○ --

○ --

○ --

○ --

● 알아냈어, 드디어 깨달았다고!

기원전 240년 무렵, 이탈리아 시라쿠사 지역을 다스리던 국왕 히에론 2세가 아르키메데스를 불렀습니다. 그는 수학자이자 물리학자인 아르키메데스에게 자신의 왕관을 내밀며 말했지요. "이번에 새로 만든 것이오. 이 왕관을 불순물 없이 순금으로 만들었는지 감정해보시오."

국왕의 명을 받은 아르키메데스는 며칠 동안 고민했지만 문제를 해결하기 쉽지 않았습니다. 그러던 어느 날, 그는 뜻밖에도 목욕탕에서 실마리를 찾게 됐지요. 자기 몸의 부피만큼 욕조 물이 넘치는 것을 보고 뭔가를 깨달은 것입니다. 아르키메데스는 몹시 기쁜 나머지 "유레카! 유레카!"를 외치며 집으로 달려갔지요. '유레카'는 바로 '알아냈다', '깨달았다'라는 뜻입니다.

집에 돌아온 아르키메데스는 당장 왕관을 물통에 넣어 보았습니다. 그리고 똑같은 무게의 순금덩어리도 물통에 넣어 넘치는 물의 양을 비교했지요. 그는 곧 확신에 찬 얼굴로 국왕을 찾아가 새로 만든 왕관이 순금이 아니라고 말했습니다.

한 걸음 더 (1) 새 왕관이 순금이 아닌 이유는?

아르키메데스는 왕관에 이어 같은 무게의 순금을 물통에 넣어 부력의 크기를 비교해보았습니다(과학 관련 개념어에서 설명한 부력을 참고하세요). 그 결과 왕관 쪽이 흘러넘친 물의 양이 더 많았지요. 왜냐하면 새 왕관에 섞인 은이나 구리가 금과 같은 무게를 가지려면 부피가 더 커야 하기 때문입니다. 같은 질량의 물체가 물에 잠길 경우, 부피가 클수록 부력이 크지요. 부피가 크면 그만큼 밀어내는 물의 양이 많아집니다. 그러므로 왕관은 순금으로 만든 것이 아니었습니다.

한 걸음 더 (2) 아르키메데스가 알고 싶어

고대 그리스의 아르키메데스는 수학자이자 물리학자로서 여러 업적을 남겼습니다. 0과 방적식의 개념도 없던 시대에 원 둘레와 지름에 관한 수학 이론인 원주율의 근삿값을 처음 계산했으며, 작은 힘으로 무거운 물체를 움직이는 지렛대의 원리도 발견했지요. 앞서 이야기한 부력의 원리도 '아르키메데스의 원리'라고 할 정도입니다.

나의 생각메모

안쪽이 바깥쪽이고, 바깥쪽이 안쪽이야

'뫼비우스의 띠'란, 겉과 안의 구별이 없는 면의 연결을 말합니다. 19세기 독일 수학자 아우구스트 뫼비우스가 처음 고안했지요.

뫼비우스의 띠는 기다란 직사각형 종이를 180도로 한 번 비튼 다음 양쪽 끝을 맞붙여 만드는 도형입니다. 어느 쪽이 겉면이고 어느 쪽이 안면인지 구별할 수 없지요. 다시 말해 외부와 내부를 구분하지 못합니다. 왼쪽과 오른쪽의 방향을 결정할 수도 없고요.

뫼비우스의 띠 바깥쪽을 따라 선을 그으면 안으로 연결되고, 그것은 다시 밖으로 이어집니다. 그러므로 만약 뫼비우스의 띠처럼 생긴 길이 있다면 아무리 걸어도 바깥쪽과 안쪽을 번갈아 오가며 끝없이 같은 길을 반복할 뿐입니다.

그래서 뫼비우스의 띠는 복잡하게 얽힌 무엇, 마침표 없이 반복되는 무엇을 이야기할 때 자주 인용됩니다. 실제로 여러 창작물에서 무한 반복하는 시간 여행이나 벗어날 수 없는 굴레 등의 이미지로 사용되지요.

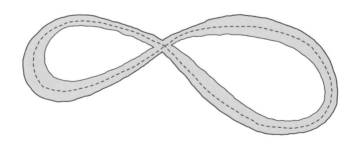

한 걸음 더 (1)　'뫼비우스의 띠'라는 표현을 쓴 문장들

'이 작품은 대학생들의 영화 찍기에 얽힌 소동을 다루고 있다. 작품의 후반부로 갈수록 현실과 거짓이 뫼비우스의 띠처럼 묘하게 연결된다.' '지난 수십 년 동안 이 나라의 분쟁은 끊임없이 이어져 왔다. 뫼비우스의 띠처럼 원인과 결과가 맞물리며 계속 되풀이되어 온 것이다.'

한 걸음 더 (2)　클라인의 병도 있어

아우구스트 뫼비우스보다 50~60년쯤 뒤에 활동한 독일 수학자 중에 펠릭스 클라인이라는 인물이 있습니다. 그는 수학을 연구해 여러 업적을 남겼는데, 그중 대중의 눈길을 끈 것은 '클라인의 병'이라는 입체 도형이지요. 그것은 뫼비우스의 띠 2개를 경계에 따라 붙여 만든 대롱 모양으로, 쉽게 말해 뫼비우스의 띠를 3차원으로 옮겨놓은 형태입니다. 그 역시 안과 밖을 구별할 수 없지요.

나의 생각메모

○

○

○

○

상식 금단의 열매가 궁금해?

절대로, 그렇게 하지 마

『구약성서』에 따르면, 하나님이 흙을 빚어 자신의 모습과 닮은 '아담'을 만듭니다. 그 뒤 아담의 갈빗대로 '하와'를 만들지요. 그렇게 최초의 남자인 아담과 최초의 여자인 하와로부터 인류의 역사가 시작됐습니다.

하나님은 아담과 하와를 에덴동산에서 살게 했습니다. 그러면서 그곳에 있는 선악과나무의 열매를 절대 따먹지 말라고 당부했지요. 그것은 가까이 하면 안 되는 '금단의 열매'였으니까요. '금단'이란 '어떤 행동을 못하도록 금지하는 것'을 말합니다.

하지만 아담과 하와는 곧 사악한 뱀의 유혹에 빠져 하나님의 말씀을 잊고 말았습니다. 그들은 금단의 열매를 먹었고, 그 벌로 아름다운 에덴동산에서 쫓겨났지요. 『구약성서』에 따르면, 그때부터 인간에게 죄가 생겨났다고 합니다. 또한 괴로움과 부끄러움을 느끼며, 언젠가 죽어야 하는 존재가 되었다고 하지요.

오늘날 '금단의 열매'라는 표현은 그리스도교를 넘어 널리 쓰이고 있습니다. 원래의 뜻을 담아 '절대 해서는 안 될 행동을 하는 경우'에 사용되지요.

한 걸음 더 (1)   선악과나무에 대해 좀 더 알고 싶어

 선악과나무에 관한 이야기는 『구약성서』 '창세기'에 나옵니다. 에덴동산 한가운데 있는 나무로, 선과 악을 알게 하는 열매인 선악과가 열리지요. 선악과에 관한 하나님의 말씀은 창세기 2장 16-17절에 걸쳐 '이 동산에 있는 나무 열매는 무엇이든지 마음대로 따먹어라. 그러나 선과 악을 알게 하는 나무 열매만은 먹지 마라. 그것을 먹는 날에 너는 반드시 죽으리라.'라고 적혀 있습니다.

한 걸음 더 (2)   신문에서 '금단의 열매'라고 표현한 사례

 '북한이 또다시 핵무기 실험을 하겠다고 선언했다. 세계 각국 정부는 북한이 자꾸만 금단의 열매를 가지려 한다며 앞다퉈 비난에 나섰다. 특히 미국 정부는 핵무기가 인류의 평화를 위협한다며, 금단의 열매에 계속 욕심을 내면 그만한 대가를 치르게 된다고 경고했다.' 이와 같은 신문 기사를 보면 '금단의 열매'라는 표현이 어떻게 사용되는지 실감할 수 있습니다.

나의 생각메모

○

○

○

○

그래도 아직 희망이 있어

옛날 옛적, 제우스는 헤파이스토스에게 흙과 불로 여자를 빚게 한 다음 '판도라'라는 이름을 붙여주었습니다. 제우스는 곧 그녀를 인간 세상으로 내려 보내며 작은 상자 하나를 건넸지요. 그리고는 그것을 절대 열어보지 말라고 경고했습니다.

인간 세상에 내려온 판도라는 에피메테우스를 만나 결혼했습니다. 하지만 에피메테우스와 판도라의 행복은 오래 가지 못했지요. 어느 날, 판도라가 호기심을 이기지 못해 제우스가 건넨 상자를 열어보았기 때문입니다.

'판도라의 상자'가 열린 순간, 상자 안에서는 인간에게 해로운 온갖 것들이 튀어나왔습니다. 슬픔과 질병, 가난과 전쟁, 미움과 시기, 두려움과 거짓말 같은 것이었지요. 판도라는 깜짝 놀라 황급히 뚜껑을 닫았지만 이미 때가 늦었습니다. 상자에서 나온 온갖 재앙은 빠르게 인간 세상으로 퍼져갔지요.

다만 단 하나, 판도라의 상자 속에는 다행히 희망이 남아 있었습니다. 그 후 사람들은 어떤 고통 속에서도 끝까지 희망을 품게 되었습니다.

'판도라의 상자'는 어떤 뜻으로 쓰일까?

판도라의 상자는 '알면 위험해질 수 있는 비밀', '죄악과 재난의 원인' 같은 의미로 쓰입니다. 이를테면 '인터넷은 판도라의 상자와 같다. 얕은 호기심만으로 그것을 접하는 순간 또 다른 재앙에 맞닥뜨릴지 모른다.'라고 표현하는 식이지요. 또한 "그 친구는 비밀이 많아서 일기장이 판도라의 상자일 거야."라고 말할 수도 있습니다.

제우스가 판도라를 인간 세상에 내려 보낸 이유

오래 전, 인간 세상에는 남자들만 살고 있었습니다. 제우스는 프로메테우스가 몰래 불을 훔쳐 사람들에게 가져다준 것을 알고 인간까지 벌하기로 마음먹었지요. 그래서 인간 세상을 혼란에 빠뜨리려고 그리스 신화에 나오는 최초의 여성 판도라를 내려 보낸 것입니다. 또한 판도라가 열어볼 것을 알면서 상자 속에 온갖 재앙을 담아 건넸지요. 판도라와 결혼한 에피메테우스도 프로메테우스의 동생이었습니다.

나의 생각메모

상식 다윗과 골리앗의 싸움이 궁금해?

너보다 작다고 얕잡아보지 마

다윗은 고대 이스라엘의 제2대 왕이었습니다. 그는 소년 시절 한 전투에서 골리앗을 물리쳐 위기에 빠진 이스라엘을 구했지요. 당시 다윗과 골리앗의 싸움은 누가 봐도 상대가 되지 않았습니다. 다윗은 평범한 소년이었지만, 골리앗은 키가 2.9미터나 되는 거인인데다 갑옷으로 온몸을 감싸 빈틈이 보이지 않았거든요.

그러나 다윗은 지혜로운 사람이었습니다. 그는 갑옷도 입지 않은 채 돌멩이를 넣은 자루를 들고 골리앗과 맞섰지요. 골리앗은 다윗을 우습게 여겨 한달음에 덤벼들었습니다. 그러자 다윗이 재빨리 몸을 피하며 골리앗의 이마를 향해 정확히 돌멩이를 던졌지요. 골리앗은 쓰러졌고, 전투는 이스라엘의 승리로 끝났습니다.

그와 같은 일화에서 유래된 말이 '다윗과 골리앗의 싸움'입니다. 얼핏 상대조차 되지 않을 만큼 우열이 분명한 상대가 맞설 때 쓰이는 표현이지요. 하지만 실제 다윗과 골리앗의 싸움이 그랬듯, 여러 조건이 부족해 보인다 해도 슬기롭고 용기 있는 쪽이 경쟁에서 승리할 수 있습니다.

한 걸음 더 (1) 신문에서 '다윗과 골리앗의 싸움'이라고 표현한 사례

'지난해 여러 편의 한국 영화가 미국 영화보다 더 많은 관객을 불러 모아 놀라움을 안겨주고 있다. 한국에서 영화 한 편을 제작하는 데 들이는 평균 비용은 100억 원 안팎. 미국의 평균 제작비용 1천600억 원과 비교하면 엄청난 차이가 난다. 그야말로 다윗과 골리앗의 싸움 같은 결과가 빚어진 것이다.' 이처럼 여러 매체에 '다윗과 골리앗의 싸움'이라는 표현이 널리 쓰이고 있습니다.

한 걸음 더 (2) 다윗과 골리앗은 어떤 인물일까?

'다윗'은 30살에 고대 이스라엘의 제2대 왕이 된 후 40년 동안 자리를 지키며 이스라엘 왕국을 통일시켰습니다. 영토를 하나로 합쳤을 뿐만 아니라 예루살렘으로 수도를 정했고, 유대교의 기반을 다져 종교의 통일도 이루었지요. '골리앗'은 『구약성서』에 나오는 블레셋의 장군입니다. 이스라엘과 블레셋은 여러 차례 전투를 벌였는데, 다윗이 등장하기 전까지 이스라엘 군대는 강력한 힘을 가진데다 투구와 철갑으로 단단히 무장한 골리앗의 상대가 되지 못했습니다.

나의 생각메모

○

○

○

○

상식 그레셤의 법칙이 궁금해?

나쁜 것이 좋은 것을 밀어내다

16세기 영국은 금이나 은 등으로 화폐를 만들었습니다. 예를 들어 1달러짜리 은화는 실제 그것에 포함된 은의 가치도 1달러와 비슷했지요. 그러다 보니 국가에서는 화폐를 만들 때마다 이만저만 부담스러운 것이 아니었습니다. 결국 나중에는 금화와 은화에 값싼 금속을 섞어 화폐를 제작하게 됐지요.

그러자 사람들은 경제 활동을 하다가 옛날에 만든 화폐를 발견하면 차곡차곡 쌓아 두기 바빴습니다. 그 화폐에 금과 은이 더 많이 들어 있었으니까요. 당연히 시간이 흐를수록 사람들이 주고받는 것은 새로 만들어진 질 낮은 화폐뿐이었습니다.

그러자 영국의 재무관이었던 토머스 그레셤은 큰 고민에 빠져 국왕인 엘리자베스 1세에게 편지를 쓰기로 마음먹었습니다. 그 문제를 그대로 두면 머지않아 국가 재정에 아주 나쁜 영향을 끼칠 것이라고 그는 주장했지요. 그레셤의 편지 내용을 한 마디로 요약하면 '악화가 양화를 구축한다.'라는 것이었습니다. 그 후 사람들은 당시 영국과 같은 경제 상황을 일컬어 '그레셤의 법칙'이라고 했지요.

악화가 양화를 구축한다고?

'악화'란 '나쁜 돈'이라는 뜻입니다. '양화'란 '좋은 돈'이라는 뜻이고요. 그리고 '구축'은 '어떤 것을 몰아서 쫓아냄'을 의미하지요. 그러니까 '악화가 양화를 구축한다.'는 '나쁜 돈이 좋은 돈을 쫓아낸다.'라는 말입니다. 오늘날에는 그 쓰임새가 좀 더 넓어져, 어떤 조직에서 부패한 사람들이 힘을 모아 정직한 사람을 쫓아내는 경우 등에도 그와 같은 표현이 사용되고는 하지요.

조선 시대에도 비슷한 일이 있었어?

조선 후기에도 그레셤의 법칙을 확인할 수 있는 일이 일어났습니다. 화폐 유통량이 부족해지자 흥선대원군이 '당백전'을 만들게 했지요. 그 가치는 당시 유통되던 '상평통보'와 비교해 100배로 계산했습니다. 그러나 실제로는 당백전의 가치가 5~6배에 불과해, 백성들은 상평통보를 숨겨놓고 당백전만 사용했지요. 반대로 상인들은 당백전을 꺼렸고요. 그러니까 상평통보가 양화, 당백전이 악화였던 셈입니다.

나의 생각메모

○ --

○ --

○ --

○ --

상식 흑백 논리가 궁금해?

세상에 얼마나 다양한 색깔이 있는데

 바둑알은 검은색과 흰색, 단 2가지뿐입니다. 바둑판 세상은 검은색과 흰색의 세력 다툼일 뿐이지요. 그러나 인간 세상에는 다채로운 색깔들이 존재합니다. 검은색과 흰색만으로 인간 세상을 설명하기는 불가능합니다.

 인간의 논리적 구분 방법 중 '이분법'이 있습니다. 어떤 사실이나 대상을 서로 반대되는 2개의 선택지로 나누는 것이지요. 이를테면 생물을 동물과 식물만으로 구별하는 식입니다. 하지만 생물의 종류에는 원생생물도 포함할 수 있지요. 그러므로 이분법은 자주 진실에 어긋납니다.

 그와 같은 이분법이 사람의 생각을 지배하면 '흑백 논리'에 빠지게 됩니다. 그것은 세상 모든 일을 검은색과 흰색으로만 나누는 편협한 사고방식이지요.

 흑백 논리로 세상을 바라보는 사람은 너무 간단히 선과 악, 옳음과 그름, 도덕과 부도덕을 구별합니다. 또 너무 쉽게 네 편과 내 편을 가르고, 함부로 거짓과 진실을 판가름하려 들지요. 그러면 세상에는 갈등과 미움, 폭력이 가득해집니다.

한 걸음 더 (1) 제로섬 게임은 무슨 말일까?

한쪽의 이익과 다른 쪽의 손실을 더하면 0(제로)이 되는 게임을 '제로섬 게임'이라고 합니다. 즉 어느 한쪽에 이득이 있는 만큼 다른 한쪽은 반드시 손해를 본다는 뜻이지요. 그 말은 요즘 같은 무한 경쟁 사회에서 승자와 패자가 뚜렷하게 구별되는 것을 의미하므로 더욱 치열한 대립과 다툼으로 이어집니다.

한 걸음 더 (2) 중도주의자일까, 회색분자일까?

어느 한쪽으로 치우치지 않고 그 중간을 지향하는 태도를 '중도주의'라고 합니다. 중도주의자는 서로 맞서 엇갈리는 어느 쪽도 절대적으로 옳다고 생각하지 않지요. 시기나 상황 등에 따라 가치 판단이 달라집니다. 그런데 중도주의를 좇는 사람들은 검은색과 흰색이 섞인 '회색분자'라고 비판받기 십상입니다. 특히 흑백 논리에 빠진 이들은 그들을 줏대 없는 인간, 나아가 기회주의자라고 비난하지요.

나의 생각메모

○

○ --

○ --

○ --

상식 비정규직이 궁금해?

같은 일을 해도 대우는 달라

어떤 종류의 직업이든 일한 대가로 임금을 받는 사람들을 일컬어 노동자라고 합니다. 노동자는 다시 '정규직'과 '비정규직'으로 구분할 수 있습니다.

정규직은 특별히 계약 기간을 정하지 않고 일하며 회사의 복지 혜택을 누리는 노동자를 말합니다. 그에 비해 비정규직은 대부분 고용 기간이 정해져 있지요. 시간제로 일하는 경우도 있고, '가'라는 회사에 고용된 신분으로 '나'라는 회사에 가서 일하는 경우도 적지 않습니다.

그동안 기업에서는 경영 비용을 줄이려고 비정규직을 많이 고용했습니다. 그런데 비정규직 노동자들은 안정된 생활을 하기 힘들지요. 열심히 일해도 회사에서 필요 없다고 판단하면 계약 기간이 끝난 뒤 언제든 해고당할 수 있기 때문입니다.

게다가 비정규직은 정규직과 비교해 평균 60퍼센트 정도의 임금밖에 받지 못합니다. 복지 혜택에서도 소외되기 일쑤고요. 비정규직 노동자들은 정규직으로 신분을 바꿔달라고 기업에 요구하지만, 여러 이유로 상황이 나아지지 않고 있습니다.

비정규직보호법이 있어

 우리나라는 지난 2007년부터 '비정규직보호법'을 시행하고 있습니다. 그 법률을 제정한 까닭은 1997년 국제통화기금(IMF) 사태를 겪고 나서 비정규직 규모가 크게 늘어나 전체 노동자의 3분의 1을 넘어섰기 때문이지요. 비정규직보호법은 '비정규직으로 2년 이상 일하면 정규직으로 전환해야 된다.'라는 내용 등을 담고 있지만 현실성이 부족해 기대만큼 효과가 없다는 평가입니다.

노사 갈등과 노노 갈등

 뉴스에서 '노사 갈등'과 '노노 갈등'이라는 용어를 접하고는 합니다. 그중 노사 갈등은 노동자와 회사 사이에 발생하는 갈등을 말하지요. 경제 관련 개념어에서 노동조합과 노동3권 등에 대해 공부한 내용을 살펴보면 이해에 도움이 됩니다. 노노 갈등의 대표적인 사례는 다름 아닌 정규직과 비정규직의 갈등입니다. 그것은 노동자들 사이에도 서로의 입장과 이익이 달라 빚어지는 안타까운 현상입니다.

나의 생각메모

○ --

○ --

○ --

○ --

 상식 방사성 폐기물이 궁금해?

한순간의 실수도 용납할 수 없어

최초의 원자력 발전소는 1954년 옛 소련에서 만들었습니다. 우리나라는 1978년에 원자력 발전소 1호기를 가동했지요. 원자력 발전소는 건설비가 비싸지만, 일단 만들어놓으면 연료비가 적게 들어 천연 자원이 부족한 나라에서 큰 인기를 끌었습니다. 우리나라에는 현재 24기의 원자력 발전소가 있지요.

그런데 원자력 발전소는 문제점이 적지 않습니다. 그중 하나가 '방사성 폐기물' 처리에 관한 것이지요. 방사성 폐기물이란, 원자력 발전소나 원자력 연구소 등에서 나오는 폐기물을 말합니다. 다 쓴 핵연료를 비롯해 발전소에서 교체한 부품, 장갑, 비닐봉지, 각종 오물 따위가 모두 포함되지요.

환경과 인체에 치명적인 방사성 폐기물은 절대로 일반 쓰레기처럼 처리하면 안 됩니다. 보통은 콘크리트와 함께 드럼통에 넣어 굳힌 다음 땅속에 깊이 묻지요. 하지만 그런 방법으로도 방사능이 매우 강한 폐기물 처리는 불가능해, 어떠한 자연 재해에도 끄떡없는 시설을 만들어 영구 보관할 수밖에 없습니다.

한 걸음 더 (1) 원자력 발전소의 전력 생산 비중

원자력은 두 얼굴을 가진 에너지 자원입니다. 많은 나라들이 그 위험성을 알면서도 원자력이 가진 여러 장점 때문에 발전소를 계속 짓고 있지요. 현재 각국이 건설한 원자력 발전소에는 450개 안팎의 원자로가 있다고 합니다. 그곳에서 세계인이 사용하는 전력의 약 10퍼센트가 생산되지요. 우리나라는 그 비중이 좀 더 커서 전체 전력 공급의 25퍼센트를 원자력 발전소가 담당합니다.

한 걸음 더 (2) 체르노빌과 후쿠시마의 사고

원자력과 관련된 사고는 끔찍한 비극을 낳습니다. 1986년 옛 소련의 '체르노빌 원자력 발전소'와 2011년 일본 '후쿠시마 원자력 발전소'의 폭발 사고가 그 사실을 증명하지요. 체르노빌의 경우 사망자만 최대 1만6천여 명, 후유증에 시달리는 피폭자는 83만여 명에 달했으니까요. 후쿠시마 사고의 공식 사망자는 1명이었지만, 그 심각성은 체르노빌과 별로 다르지 않아 앞으로 수십 년 간 어떤 피해로 이어질지 주목해야 합니다.

나의 생각메모

나의 생각메모

상식 미란다 원칙이 궁금해?

묻는 말에 꼭 대답하지 않아도 돼

 영화의 한 장면을 떠올려볼까요? 경찰관이 범죄 혐의가 의심되는 사람을 붙잡아 손목에 수갑을 채웁니다. 그리고는 상대를 향해 크게 소리칩니다.
"당신을 절도 혐의로 체포합니다! 당신은 법정에서 변호사의 도움을 받을 수 있으며, 불리한 진술을 거부할 권리가 있습니다!"

 경찰관이 범죄 혐의가 의심되는 사람을 붙잡아 그와 같은 내용을 이야기하는 이유는 '미란다 원칙' 때문입니다. 경찰관은 그 상황에서 반드시 변호사의 도움을 받을 수 있는 권리, 묵비권을 행사할 수 있는 권리를 설명해야 하지요.

 1963년, 미국에서 에르네스토 미란다라는 이름을 가진 범죄자가 붙잡혔습니다. 그런데 경찰관이 그를 체포하면서 위에 설명한 내용을 알리지 않아 무죄가 선고됐지요. 범죄자가 보장받아야 할 최소한의 권리를 경찰관이 무시했다고 법원이 판단했던 것입니다. 그 뒤 미국 경찰은 미란다 원칙을 만들어 지켜오고 있지요. 우리나라도 2007년부터 법률에 따라 미란다 원칙을 실천하고 있습니다.

한 걸음 더 (1)   알아두면 좋은 법률 용어

앞서 미란다 원칙을 설명하면서 '범죄 혐의가 의심되는 사람'이라는 표현을 썼습니다. 그런 사람을 법률 용어로 '피의자'라고 합니다. 그러니까 피의자는 죄를 범한 혐의로 수사 대상이 되어 있지만 아직 검사가 법원에 재판을 청구하지 않은 사람을 가리키지요. 검사가 법적 처벌을 받아야 할 사람으로 판단해 정식으로 재판을 청구하고 나면 범죄 혐의자를 '피고인'이라고 부릅니다.

한 걸음 더 (2)   미란다 원칙에 관한 법률 근거

대한민국 헌법 제12조 2항에는 '모든 국민은 고문을 받지 아니하며, 형사상 자기에게 불리한 진술을 강요당하지 아니한다.'라는 내용이 있습니다. 또한 형사소송법 제244조에도 검사나 경찰관이 피의자를 조사하기 전에 '일체의 진술을 하지 않거나 개개의 질문에 대해 진술하지 않을 수 있다는 것', '신문 받을 때 변호인의 도움을 받을 수 있다는 것' 등을 알려줘야 한다고 밝히고 있지요.

나의 생각메모

상식 은둔형 외톨이가 궁금해?

그 사람의 마음을 잘 살펴봐

예로부터 사람들은 어울려 살아가는 것을 삶의 기쁨으로 여겼습니다. 함께 힘을 합쳐 일하고, 짬이 나면 한데 모여 즐겁게 놀았지요. 일터에서도 마을에서도, 가족과 친구 간에도 서로 도움을 주고받으며 살아야 한다고 생각했습니다.

하지만 현대 사회에서는 그런 모습이 점점 사라지고 있습니다. 온라인 문화가 발달하면서 사람들이 홀로 지내는 것에 익숙해져가고 있지요. 그러다 보니 '은둔형 외톨이'라는 또 다른 사회 문제가 생겨났습니다.

은둔형 외톨이란, 사회에 적응하지 못하고 스스로 집 안에만 틀어박혀 지내는 사람을 일컫는 말입니다. 증상이 심한 경우는 수년씩 자기 세계에 갇혀 누구와도 마음을 나누려 하지 않지요. 그들은 기본적인 사회 활동조차 거부합니다.

최근에는 입시나 취업 등 치열한 경쟁에서 자신감을 잃어버린 사람들도 자칫 은둔형 외톨이가 될 수 있다는 연구 결과가 있습니다. 그런 상황을 막으려면 사회가 희망을 북돋워줘야 하고, 주위 사람들도 따뜻한 관심을 기울여야 합니다.

한 걸음 더 (1) 니트족이라는 용어도 있어

 직업이 없으면서도 공부나 취업 준비에 전혀 뜻이 없는 사람들을 '니트족'이라고 합니다. 그들은 경제 관련 개념어에서 배운 '실업자' 통계에도 들지 않습니다. 왜냐하면 직업이 없지만 적극적으로 일자리를 찾는 경우에 실업자라고 하기 때문이지요. 한마디로 니트족은 일할 능력이 있지만 취업을 포기하거나 단념한 사람들을 일컫습니다. 다만 니트족은 은둔형 외톨이와 달리 인간관계를 멀리하지는 않지요.

한 걸음 더 (2) 또 하나의 비극, 집단 따돌림

 두 사람 이상이 집단을 이루어 말과 행동으로 다른 사람을 소외시키거나 반복적으로 괴롭히는 행위를 '집단 따돌림'이라고 합니다. 그런 상황은 대개 또래 집단에서 일어나며, 가해자가 오히려 피해자에게 책임을 돌리는 경우가 많지요. 다른 용어로 '왕따 현상'이라고도 하는데, 대부분 개인이나 집단의 이기주의가 원인입니다.

나의 생각메모

블랙박스가 궁금해?

진실을 알려주는 비밀 상자

원래 '블랙박스'는 공학 용어입니다. 어떤 입력에 따라 출력을 내는 장치를 말하지요. 또한 지하에서 이루어지는 핵실험을 탐지하는 데 쓰는 지진계를 일컫기도 하고요. 그런데 요즘은 블랙박스가 '비행 기록 장치'를 의미할 때가 많습니다.

블랙박스는 항공기 운항에 관한 여러 사실을 밝히는 데 반드시 필요한 장치입니다. 비행 중 일어나는 다양한 상황이 자동으로 기록되지요. 고도, 속도, 방향, 시간, 엔진 상황, 조종 날개의 움직임 등이 입력됩니다. 그 횟수가 1초에 한 번 이상 기록될 정도로 자세하지요. 블랙박스는 사고로 인한 충격과 높은 열, 그리고 깊은 바다 속에서도 오랜 시간 손상되지 않을 만큼 튼튼합니다.

그런데 요즘은 블랙박스라는 용어가 좀 더 폭넓게 사용되고 있습니다. '남극에는 우주에서 떨어진 운석들이 많다. 이 운석들은 우주의 기원을 밝혀줄 블랙박스가 될 것이다.'라는 신문 기사처럼 말입니다. 이 글에서 보듯, 블랙박스는 어떤 일의 진실을 담고 있는 비밀 상자처럼 인용되고는 합니다.

한 걸음 더 (1)　자동차에도 블랙박스가 있어

최근 들어 자동차 사고와 관련해 블랙박스라는 용어가 자주 등장합니다. 자동차에도 블랙박스를 설치하는데, 흔히 차량 내부와 차량 밖 도로에서 일어나는 여러 상황을 기록하는 용도로 사용하지요. 그 내용은 자동차 사고의 책임이 어디에 있는지 판가름하는 데 도움이 됩니다. 또한 자동차 충돌 시 안전 관련 기계 장비들의 작동 실태를 기록하는 장치도 블랙박스라고 합니다.

한 걸음 더 (2)　처음 항공기 블랙박스를 만든 사람

1934년, 오스트레일리아 배스 해협에서 비행기 추락 사고가 발생했습니다. 많은 사람이 죽었는데, 당시 9살이었던 데이비드 워렌도 아버지를 잃었지요. 아이는 자라면서 자신이 겪은 비극이 더 이상 일어나지 않기 바라며 항공기 사고 예방에 관심을 가졌습니다. 그는 조종사의 교신 내용과 운항 기록 등을 정확하게 분석할 수 있는 장치를 연구하기 시작해 1956년, 마침내 항공기 블랙박스를 처음 개발했지요.

나의 생각메모

 상식 **화이트칼라가 궁금해?**

자기한테 어울리는 색깔을 찾아봐

직업의 종류는 매우 다양합니다. 『한국직업사전』에 따르면, 우리나라에 있는 직업의 종류만 해도 1만7천여 종에 달한다고 하지요. 그 수는 사회 구조가 복잡해질수록 더욱 늘어나며, 시대 상황에 따라 주목받는 직업도 달라집니다.

직업은 몇 가지 기준으로 구분할 수 있습니다. 그중 하나가 '화이트칼라'와 '블루칼라'로 나누는 것이지요. 화이트칼라란, 사무직 노동자를 일컫는 말입니다. 그와 비교해 생산 현장 등에서 근무하는 노동자는 '블루칼라'라고 하지요. 화이트칼라는 하얀색 셔츠를 입고 사무실에 앉아 일한다는 의미를, 블루칼라는 푸른색 작업복 차림으로 현장에서 육체노동을 한다는 의미를 담고 있습니다.

그러나 이런 구분에는 문제점이 적지 않습니다. 화이트칼라라고 해서 정신적인 노동만 하는 것은 아니니까요. 정신적으로 스트레스를 받으면 몸도 그만큼 피로해지는 법이지요. 또한 오랜 경험과 집중력이 필요한 육체노동은 오히려 정신노동의 측면이 더 강한 경우도 흔합니다.

그레이칼라와 골드칼라

여러 문제점에도 색깔로 상징하는 직업 구분은 최근까지 계속 이어지고 있습니다. 화이트칼라와 블루칼라라는 단순한 구분을 보완해 '그레이칼라'와 '골드칼라'가 등장하기도 했지요. 그레이칼라란, 화이트칼라와 블루칼라의 중간층에 해당하는 경우입니다. 생산 현장에서 일하지만 컴퓨터 업무 능력 같은 수준 높은 기술이 요구되는 직업을 예로 들 수 있지요. 나아가 현대 사회의 첨단 전문 기술 분야에서 일하는 고급 전문직은 따로 '골드칼라'라고 부르기도 합니다.

새로운 직업 개념어, 뉴칼라

2016년, 아이비엠(IBM) 최고경영자 지니 로메티는 4차 산업 혁명 시대에 새롭게 등장한 직업 계층을 특정한 색깔이 아닌 '뉴칼라'라고 불렀습니다. 그 분야의 노동자는 전통적인 교육 체계에 한정되지 않은 창의적 지식을 습득하며, 대부분 정보통신기술에 관한 전문가인 것이 특징이지요. 구체적으로 인공지능 · 사이버 보안 · 응용 프로그램 개발 전문가 등을 일컫습니다.

나의 생각메모

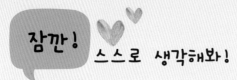

잠깐! 스스로 생각해봐!

■ 지금은 누구나 뉴스와 정보 같은 다양한 콘텐츠의 공급자가 될 수 있는 시대입니다. 그런 변화의 장점과 문제점에 대해 사례를 들어 정리해보아요.

■ 요즘은 범죄 피해자 못지않게 가해자의 인권도 중요시되는 시대입니다. 그래서 개인 정보 보호나 미란다 원칙 등이 더욱 강조되지요. 그에 대한 여러분의 생각은 어떤가요?

상식 실리콘밸리가 궁금해?

첨단 정보기술 산업의 중심지

세계적 정보기술(IT) 기업들의 고향 같은 곳. 12~2월 말고는 비가 거의 내리지 않아 습도가 낮아야 하는 정보기술 산업에 바람직한 환경을 갖춘 곳. 스탠퍼드와 캘리포니아 공대 같은 명문 대학들이 가까이 있어 인재 확보가 쉬운 곳.

바로 '실리콘밸리'를 설명하는 말입니다. 실리콘밸리는 미국 캘리포니아주 샌프란시스코 동남부에 있습니다. 그 용어는 반도체 재료인 '실리콘'에 그곳의 산타클라라 지역을 상징하는 '밸리(계곡)'가 합쳐진 것이지요.

실리콘밸리가 만들어진 것은 1970년대 초반이었습니다. 당시 미국은 정보기술 산업 분야에서 다른 나라와 비교할 수 없을 만큼 앞서갔지요. 야후, 구글, 인텔 같은 기업들이 실리콘밸리에 뿌리를 내리고 눈부신 발전을 거듭했습니다.

어떤 사람들은 이제 실리콘밸리의 명성이 예전만 못하다고 합니다. 한국, 일본, 대만 등 여러 나라의 정보기술이 크게 발전했기 때문입니다. 그럼에도 실리콘밸리는 여전히 세계 정보기술 산업의 중심지로 평가받고 있습니다.

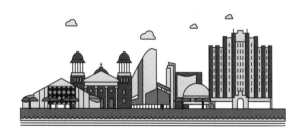

한 걸음 더 (1) **스타트업이 무슨 말이야?**

 수준 높은 전문 지식과 새로운 기술을 갖고 창조적 경영 활동을 펼치는 중소기업을 '벤처 기업'이라고 합니다. 주로 정보기술이나 생명과학에 관련된 업종이 많지요. 그중에서도 회사를 설립한 지 얼마 되지 않은 신생 벤처 기업을 실리콘밸리에서는 '스타트업'이라고 부릅니다. 이를테면 '새싹 기업'이라고 할까요? 요즘은 우리나라도 산업 각 분야에서 스타트업이라는 용어를 즐겨 사용합니다.

한 걸음 더 (2) **꼭 실리콘밸리일 필요는 없어**

 얼마 전부터 몇몇 정보기술 기업들이 실리콘밸리를 떠난다는 뉴스가 들려오고는 합니다. 실리콘밸리의 높은 주거비와 교통 체증 등이 그 원인이지요. 실제로 실리콘밸리 북쪽에 위치한 워싱턴주 시애틀에 아마존이, 레드먼드에 마이크로소프트가 새롭게 둥지를 틀었습니다. 또한 인텔도 오리건주 포틀랜드로 거점을 옮겼지요.

나의 생각메모

○ ---

○ ---

○ ---

○ ---

상식   전자상거래가 궁금해?

책상 앞에서 뭐든지 살 수 있어

요즘은 많은 사람들이 책을 구입할 때 인터넷 서점을 이용합니다. 고객이 원하는 곳으로 책을 배달해주는데다 할인율까지 높은 인터넷 서점은 소비자들을 끌어들이는 큰 매력을 갖고 있지요.

그처럼 인터넷이 보급되면서 생겨난 사회 현상 중 하나가 '전자상거래'의 발전입니다. 전자상거래는 온라인 공간에서 상품을 거래하는 것을 말하지요. 그 상품이 단지 책과 옷, 전자제품 등만 의미하지는 않습니다. 인터넷을 통한 교육과 의료 서비스, 게임 같은 것도 모두 포함합니다. 넓은 의미로 말하면, 인터넷으로 은행과 거래하거나 관공서에서 서류를 떼는 일도 전자상거래라고 할 수 있지요.

무엇보다 전자상거래는 시간과 공간의 제약을 받지 않는다는 장점이 있습니다. 하지만 전자상거래는 편리한 만큼 신경 써야 할 점도 많지요. 개인 정보 보호를 비롯해, 고객이 입을 수 있는 여러 피해에 대한 대책을 마련해야 합니다. 돈과 상품을 정확히 주고받을 수 있어야 하는 것은 기본이고요.

한 걸음 더 (1) 비투비(B2B)와 비투씨(B2C)

전자상거래는 크게 'B2B'와 'B2C'로 구별합니다. B2B는 '비즈니스 투 비즈니스(Business to Business)'의 줄임말로 기업과 기업 사이에 이루어지는 전자상거래를 일컫지요. 그에 비해 B2C는 '비즈니스 투 컨슈머(Business to Consumer)'의 줄임말로 기업과 소비자 사이의 전자상거래를 의미합니다. 일반적으로 사람들이 일상생활에서 주로 이용하는 인터넷 쇼핑몰을 통한 상품의 거래를 뜻하지요.

한 걸음 더 (2) 가장 많은 사람들이 접속하는 웹사이트

현재 인터넷에는 약 20억 개에 달하는 웹사이트가 있다고 합니다. 그 수를 한정하는 것이 어려울 만큼 지금도 빠른 속도로 늘어나고 있지요. 그중 2020년대 들어 전 세계에서 가장 많은 사람들이 찾는 웹사이트는 '구글'입니다. 2위 역시 구글에서 소유하고 있는 '유튜브'지요. 그 뒤를 페이스북, 트위터, 인스타그램 등이 잇고 있습니다. 우리나라의 삼성전자와 네이버도 30위 안팎에 오를 만큼 순위가 높지요.

나의 생각메모

올림픽이 궁금해?

세계 최대의 스포츠 축제

 저마다 의견이 다를 수 있지만, 대체로 '올림픽', '월드컵', '세계육상선수권대회'를 3대 국제 스포츠 행사라고 합니다. 그중 최고의 행사는 단연 올림픽이지요. 월드컵이 축구, 세계육상선수권대회가 육상이라는 단일 종목 대회인데 비해 올림픽은 무려 30개 안팎의 종목에서 실력을 겨루니까요.

 올림픽은 국제올림픽위원회(IOC)가 4년마다 개최하는 세계인의 축제입니다. 원래 올림픽은 고대 그리스에서 치러진 스포츠 행사였지요. 하지만 그리스의 몰락과 함께 막을 내렸다가, 1896년 프랑스 사람 피에르 쿠베르탱의 노력으로 오늘날과 같은 국제적인 스포츠 행사로 부활했습니다.

 제1회 올림픽은 그리스 아테네에서 개최되었습니다. 그곳은 고대 올림픽이 열렸던 장소이기 때문에 특별한 의미가 있었지요. 정정당당한 스포츠 정신을 통해 세계 평화를 바라는 올림픽은 눈부신 발전을 거듭해, 최근에는 200여 개 나라에서 1만 명이 훌쩍 넘는 선수단이 참여할 정도로 성장했습니다.

한 걸음 더 (1) 하계올림픽과 동계올림픽

 올림픽은 여름에 열리는 '하계올림픽'과 겨울에 열리는 '동계올림픽'이 있습니다. 마라톤과 수영 경기 등이 펼쳐지는 하계올림픽은 2024년 제33회 프랑스 파리 대회, 2028년 제34회 미국 로스앤젤레스 대회, 2032년 제35회 호주 브리즈번 대회를 치르지요. 그에 비해 스케이트와 스키 경기 등을 하는 동계올림픽은 지난 2022년 중국 베이징에 이어 2026년 이탈리아 밀라노에서 제25회 대회가 열립니다.

한 걸음 더 (2) 국제축구연맹 가입국이 더 많아

 올림픽에 참가하는 나라들은 국제올림픽위원회(IOC)에 회원국으로 가입해 있습니다. 근대 올림픽이 부활하기 2년 전인 1894년에 설립된 국제올림픽위원회의 회원국은 제32회 대회 기준 모두 206개국이지요. 그런데 같은 시기, 1904년에 설립되어 월드컵 등을 개최하는 국제축구연맹(FIFA) 회원국은 211개국이나 됩니다. 그래서 단일 종목으로 열리는 월드컵의 열기도 올림픽 못지않습니다.

나의 생각메모

O

O

O

O

상식 푸드뱅크가 궁금해?

남는 것을 나누기만 해도 고마워

지난 수십 년 간 대한민국은 무척 풍요로워졌습니다. 하지만 아직도 우리 주변에는 끼니조차 해결하기 어려운 이웃이 적지 않지요. 그래서 등장한 것이 '식품은행'이라는 의미의 '푸드뱅크'입니다.

우리나라에는 1998년에 푸드뱅크가 처음 설립되었습니다. 푸드뱅크는 생산, 판매, 소비 단계에서 남는 음식을 식품업체나 개인으로부터 기증받아 먹을거리가 꼭 필요한 사람들에게 무료로 나눠주는 방식으로 운영하지요.

어느 날 학교 급식을 마쳤는데 음식이 많이 남았다고 가정해볼까요? 그 음식은 손도 대지 않은 깨끗한 것이라 그냥 버리기 아깝겠지요. 그렇다고 이튿날까지 보관했다가 어린이들에게 다시 급식할 수도 없고요.

그런 경우, 학교에서 푸드뱅크에 연락하면 음식을 가지러 옵니다. 그리고 그 음식을 힘들게 운영하는 무료 급식소 같은 곳에 가져다주지요. 대규모로 급식을 하면 음식이 자주 남게 마련이므로 아예 푸드뱅크에서 정기적으로 방문하기도 합니다.

한 걸음 더 (1) 선진국에서 먼저 시작한 푸드뱅크

푸드뱅크를 처음 시작한 나라는 미국입니다. 일찍이 1967년에 '제2의 수확'이라는 이름으로 그와 같은 복지 사업을 추진했지요. 그 후 1984년 프랑스, 1986년 독일 등이 잇달아 동참했습니다. 우리나라는 국제통화기금(IMF) 사태가 한창이던 1998년 어려운 이웃을 위해 시작해 지금은 전국 450여 곳에 푸드뱅크를 조직했지요.

한 걸음 더 (2) 식량 문제 해결을 위한 노력

통계를 살펴보면, 전 세계 인구 대비 식량의 양은 충분합니다. 문제는 안타깝게도, 그 식량이 선진국에는 넘쳐나고 후진국에는 부족하다는 점이지요. 그래서 국제연합(UN)에서는 1963년 '세계식량계획(WFP)'이라는 산하 기구를 만들어 굶주림으로 고통 받는 여러 나라에 식량을 지원하고 있습니다. 아울러 기아 예방 활동과 함께 재해나 분쟁이 발생한 지역에서 구호 작업도 활발히 벌이고 있지요.

나의 생각메모

상식 바벨탑이 궁금해?

인간은 오만을 버려야 해

『구약성서』에 따르면, 오래 전 세상 사람들은 모두 똑같은 언어를 사용했습니다. 그들은 어떤 일이든 힘 모아 해내는 단결하는 마음도 갖고 있었지요.

그런데 사람들은 시간이 갈수록 건방지기 짝이 없는 마음, 즉 오만에 빠져들었습니다. 지난날 하나님이 대홍수로 인간을 벌한 일조차 대수롭지 않게 여겼지요. 그들은 화려한 도시를 건설하고, 하늘에 닿는 탑을 쌓기로 마음먹었습니다. 하나님의 심판이 또다시 내려지면 그 탑으로 피할 작정이었지요.

하지만 그것은 하나님의 뜻을 거스르는 일이었습니다. 하나님은 자신을 믿지 않고 헛된 욕심을 부리는 사람들에게 깨달음을 주어야겠다고 생각했습니다.

하나님은 고민 끝에 사람들의 언어와 마음을 혼란스럽게 만들었습니다. 서로의 언어를 다르게 하자, 자연스레 마음도 끼리끼리 통할 수밖에 없었지요. 사람들은 곧 세상 곳곳으로 흩어져 살게 되었습니다. 사람들이 하늘에 닿으려고 했던 허황된 '바벨탑'의 꿈은 결국 그렇게 산산조각 나고 말았습니다.

한 걸음 더 (1) '바벨탑을 쌓으려 한다.'라는 말의 의미

바벨탑은 인간의 허황된 욕심과 교만을 꾸짖을 때 자주 사용하는 개념어입니다. 예를 들어 나날이 발전하는 물질문명을 비판하면서 "인간의 욕망과 호기심이 또 다시 바벨탑을 쌓으려 한다."라고 이야기하는 식이지요. 주변을 전혀 살피지 않으면서 오로지 자신의 성공만을 쫓는 사람에게 "네가 그렇게 얻는 성과와 이익은 바벨탑을 쌓으려는 꿈일 뿐이야."라고 경고하기도 합니다.

한 걸음 더 (2) 대홍수와 노아의 방주

『구약성서』 '창세기'에는 하나님이 대홍수를 일으켜 타락한 인간을 심판하는 이야기가 나옵니다. 그때 하나님은 홀로 타락하지 않은 노아를 시켜 한 척의 배를 만든 뒤, 노아의 가족과 함께 모든 종류의 동물들을 한 쌍씩만 태우게 했지요. 그 배를 일컬어 '노아의 방주'라고 하는데, 곧 하나님의 계획대로 대홍수가 시작되자 배를 타지 못한 생명들은 전부 물에 잠겨 목숨을 잃었습니다.

나의 생각메모

○

○

○

○

찰나가 궁금해?

눈 깜빡할 새보다 더 짧은 순간

사람들은 종종 사진이 '찰나의 순간'을 포착한다고 말합니다. 우주의 역사에서 보면 인생은 찰나의 순간일 뿐이라고 말하기도 하지요.

그럼 대체 '찰나'는 어떤 의미를 가진 개념어일까요?

찰나는 원래 불교 용어인데, 이제는 종교의 차원을 넘어 일상생활에도 널리 쓰이고 있습니다. 눈 한번 깜빡할 만큼 짧은 시간, 아니 그보다 더 짧은 아주 잠깐의 순간을 흔히 찰나라고 하지요.

찰나는 불교에서 말하는 가장 짧은 시간의 단위입니다. '순식간'이라고 이야기할 때의 '순식'도 불교에서 유래한 용어인데, 순식보다 10배나 빠른 시간을 '탄지'라고 하고 또 그보다 10배나 더 빠른 시간을 다름 아닌 찰나라고 합니다. 찰나는 처음에 예로 든 문장들처럼 대개 찰나의 순간이라고 표현하지요. 참고로, 찰나는 고대 인도의 언어인 산스크리트어 '크사나'를 한자어로 표기한 것입니다.

찰나를 숫자로 이야기해볼까?

앞서 언급한 순식, 탄지, 찰나를 모두 수로 비교할 수 있습니다. 먼저 순식을 수의 크기로 나타내면 0.1을 16번 곱한 값이지요. 탄지는 순식의 10분의 1로, 0.1을 17번 곱한 값이고요. 그리고 찰나의 수의 크기는 0.1을 18번 곱한 값이며, 그것을 구체적인 시간으로 설명하면 75분의 1초에 해당한다고 합니다. 그와 같은 수의 크기는 모두 고대 인도의 불교 경전에 나오는 내용이지요.

불교에서 말하는 가장 긴 시간 단위

불교에서는 가장 긴 시간의 단위를 '겁'이라고 합니다. 겁은 가로 세로 길이가 각각 15킬로미터에 이르는 상자에 겨자씨를 가득 채우고, 100년마다 한 알씩 꺼내서 완전히 비워내는 데 걸리는 시간보다 길다고 하지요. 또한 그 상자만한 거대한 바위를 100년마다 한 번씩 흰 천으로 닦아 완전히 닳게 하는 시간보다 긴 시간이라고도 하고요. 그러므로 겁은 영원하고 무한한 시간을 일컫는 것입니다.

나의 생각메모

스파르타식 교육이 궁금해?

아이는 강하게 키워야 해

고대 그리스의 도시 국가 중에 스파르타가 있었습니다. 그들은 아테네와 더불어 고대 그리스를 대표할 만큼 국력이 강했지요. 오늘날 아테네가 민주주의의 뿌리로 알려져 있다면, 스파르타는 무엇보다 '스파르타식 교육'으로 유명합니다.

스파르타식 교육은 군사 훈련과 다름없었습니다. 강한 자만이 살아남는 혹독한 교육이었지요. 스파르타인은 태어나서 죽을 때까지 철저히 국가의 통제를 받으며 살았습니다. 당시 스파르타에서는 아기가 허약하면 들판에 내버려 죽게 했지요. 또한 건강한 사내아기라도 7세까지만 부모와 함께 살 수 있었습니다. 그 후에는 집을 떠나 공동생활을 하며 엄격한 교육을 받아야 했지요. 아이들은 머리를 짧게 자르고 맨발로 다녔으며, 옷도 단 한 벌만 지급받았습니다.

스파르타의 교육은 훈련과 경쟁, 처벌 중심이었습니다. 온갖 무예를 가르치고 강한 체력을 갖게 한 다음 나라를 위해 기꺼이 목숨을 바치게 했지요. 스파르타의 교육 목적은 용맹하고 애국심 넘치는 전사를 만드는 것이었습니다.

한 걸음 더 (1)   스파르타식 교육의 다른 이름, 아고게

스파르타식 교육을 다른 말로 '아고게'라고 합니다. 그것은 원래 고대 스파르타의 청소년 교육 기관을 가리키는 용어였지요. 그곳은 오로지 애국심과 강한 체력을 갖춰 국가에 봉사하는 인재를 키우는 것이 교육 목적이었습니다. 일찍이 아이들을 학년제와 학급제로 편성해 교육했지요. 아고게 교육을 면제받을 수 있는 특권을 지닌 사람은 왕과 그 후계자가 될 왕자뿐이었습니다.

한 걸음 더 (2)   '스파르타식 교육'의 실제 사용 사례

새롭게 직원들을 모집한 한 회사의 사장이 다음과 같이 말했습니다. "올해부터 우리 회사는 신입사원 교육 기간을 절반으로 대폭 줄였습니다. 하지만 교육 강도는 훨씬 세졌으니, 모두 마음의 준비를 단단히 하셔야 합니다. 특히 사흘 동안 진행하는 합숙 교육 기간에는 외박이 허락되지 않으며, 하루 8시간 이상 '스파르타식 교육'이 실시될 예정입니다."

나의 생각메모

상식 마의 삼각지대가 궁금해?

● 거기에 들어가면 빠져나올 수 없어 ●

언젠가 우리나라의 교육 제도를 비판하던 대학 교수가 '마의 삼각지대'라는 표현을 쓴 적이 있습니다. 그는 "수험생들이 마의 삼각지대 같은 수능과 내신, 논술에 갇혀 고생한다."라고 말했지요.

마의 삼각지대라는 표현은 '버뮤다 삼각 해역'에서 발생한 충격적인 사건들에서 유래되었습니다. 그곳은 북대서양 서쪽의 버뮤다 제도와 미국 마이애미, 그리고 푸에르토리코를 잇는 삼각형의 해양 지역을 가리키지요.

그런데 여느 바다와 다를 바 없어 보이는 그 지역에서 지난 수십 년 동안 원인 모를 사고가 종종 발생했습니다. 수백 명을 태우고 그곳을 지나던 배가 사라졌고, 14명의 미군 조종사들이 전투기와 함께 실종된 적도 있지요.

그러자 사람들은 그 지역을 '마의 삼각지대'라고 부르기 시작했습니다. '마'에는 어떤 일을 망치거나 가로막는 장애물, 요사스런 마귀 등의 뜻이 담겨 있지요. 아울러 궂은일이 자주 일어나는 장소나 때를 일컫기도 합니다.

철의 삼각지대는 무슨 말일까?

 지리적으로 강원도 철원군과 북한의 평강군, 김화군을 잇는 삼각지대를 말합니다. 그곳은 한국전쟁 때 중부 전선의 최대 요충지였지요. 그 지역을 차지하기 위해 국군과 북한군이 여러 차례 치열한 전투를 벌였습니다. 당시 국군에서는 그곳의 지형이 워낙 험해 점령하기 어렵다는 의미로 '철의 삼각지대'라고 이름 붙였지요.

황금의 삼각지대는 무슨 말일까?

 동남아시아의 태국, 미얀마, 라오스가 메콩강에서 접하는 삼각지대를 말합니다. 땅이 매우 비옥해 농사짓기 좋은 곳이지요. 그런데 그 지역은 오랫동안 세계 최대의 마약 생산지로 악명을 떨쳐 왔습니다. 특히 양귀비를 주재료로 하는 마약은 전 세계 생산량 중 60퍼센트 넘게 차지할 정도지요. 영어로 '골든 트라이앵글'이라고 부르는 그 지역에서는 지금도 마약 거래상들이 활개를 치고 있습니다.

나의 생각메모

상식　악어와 악어새가 궁금해?

우리 함께 잘 지내보자고

과학 관련 개념어에서 '공생'에 대해 알아봤습니다. 그 내용에서 몇 가지 공생의 사례를 이야기했는데, '악어와 악어새'의 관계도 빼놓을 수 없지요. 악어는 사냥해 배를 채우고 나면 이빨 사이에 찌꺼기가 남습니다. 그때 악어새가 악어의 입속으로 날아 들어가 찌꺼기를 청소해주지요. 악어는 이를 닦고, 악어새는 손쉽게 먹이를 얻는 셈입니다.

그래서 사람들은 서로 도움을 주고받는 관계를 '악어와 악어새'에 빗대어 말하고는 합니다. 그 말은 많은 경우 부정적인 의미를 담고 있지요. 이를테면 '부패 경찰과 악덕 사업주는 악어와 악어새처럼 서로의 뒤를 봐준다.', '부동산 투기꾼과 일부 타락한 공무원들이 악어와 악어새의 관계를 맺어왔다.'라는 식으로 말입니다.

하지만 그 말이 긍정적으로 쓰일 때도 적지 않습니다. 예를 들어 '은행과 기업은 악어와 악어새 같은 공생 관계다. 은행이 유망한 기업을 도와주면, 기업이 새로운 사업을 펼칠 수 있는 효과와 함께 은행의 수익도 쑥쑥 올라간다.'라는 식이지요.

한 걸음 더 (1) 악어에 관련된 또 다른 개념어

'악어와 악어새' 못지않게 자주 쓰이는 악어 관련 개념어가 있습니다. 바로 '악어의 눈물'이지요. 여기에는 '거짓된 눈물', 즉 '위선적 행위'라는 뜻이 담겨 있습니다. 악어는 먹잇감을 집어삼키며 눈물을 흘리고는 합니다. 그것을 본 일부 사람들은 악어가 자기에게 희생당한 다른 동물의 죽음을 애도한다고 생각했지요. 하지만 그 행위는 침샘이 분비될 때 눈물샘도 함께 자극받아 생기는 생리 현상일 뿐입니다.

한 걸음 더 (2) 악어와 악어새는 윈윈 관계

악어와 악어새는 서로 이익을 나누며 공생합니다. 어느 쪽도 손해 보는 것 없이 자기가 바라는 바를 얻지요. 그와 같은 악어와 악어새의 관계를 일컫는 또 다른 용어가 '윈윈(win-win)'입니다. 영어 '윈(win)'은 명사로 '승리', 동사로는 '이기다'라는 뜻을 갖고 있지요. 그러니까 서로 공생하여 저마다 이익을 얻을 때 양쪽이 '윈윈 관계'라고 말할 수 있습니다.

나의 생각메모

최후의 만찬이 궁금해?

이제 곧 이별이라니

레오나르도 다 빈치가 그린 「최후의 만찬」은 명화 중의 명화라고 할 만합니다. 『신약성서』에 따르면, 예수는 십자가에 못 박혀 죽음을 맞기 전날 제자들과 저녁 식사를 함께했습니다. 그야말로 '최후의 만찬'이었지요. 예수는 제자들에게 빵과 포도주를 건네며 "받아먹어라. 이것은 내 몸이다. 이것은 나의 피다. 죄를 용서해주려고 많은 사람을 위하여 내가 흘리는 피다."라고 말했습니다.

최후의 만찬에는 예수의 제자들 12명이 자리를 같이했습니다. 그 가운데는 예수를 배신하여 죽음의 길로 내몬 유다도 있었지요. 예수는 "너희 중에 한 사람이 나를 팔리라."라는 예언으로 제자들을 깜짝 놀라게 했습니다. 레오나르도 다 빈치는 바로 그 순간 열두 제자들이 받았을 충격과 복잡한 감정을 그림으로 옮겼지요.

요즘에는 사람들이 이별을 앞두고 마지막으로 식사를 함께하며 종종 "최후의 만찬이네."라고 표현합니다. 그때는 이 말이 종교적 차원을 넘어 이별의 아쉬움을 드러내지요. 또한 큰일을 앞두고 그와 같은 말로 결의를 다지는 사람들도 있습니다.

한 걸음 더 (1) 레오나르도 다 빈치의 또 다른 명화

레오나르도 다 빈치가 남긴 명화들 중 「최후의 만찬」과 쌍벽을 이루는 작품이 「모나리자」입니다. 명화 「모나리자」의 주인공은 작품 속에서 야릇한 미소를 짓고 있지요. 인간의 오묘한 감정을 담아 보는 이에게 신비로움을 느끼게 합니다. 기쁨과 슬픔, 고통과 여유가 뒤섞인 그 잔잔한 웃음은 사람들의 큰 관심을 끌지요. 그래서 오늘날에는 아름다운 미소를 일컬어 '모나리자의 미소'라고도 합니다.

한 걸음 더 (2) 최후의 만찬을 그린 화가가 또 있다고?

'최후의 만찬'을 그림으로 그린 화가는 꽤 많습니다. 프랑스 회화의 대가 니콜라 푸생, 에스파냐의 초현실주의 화가 살바도르 달리 등 수십 명에 달하지요. 그림의 소재로 그만큼 극적인 것이 흔치 않으니까요. 그럼에도 지금까지 레오나르도 다 빈치의 「최후의 만찬」이 단연 최고로 인정받습니다. 왜냐하면 그의 작품에는 예수의 초연함과 제자들의 갈등, 긴장감, 공포 등이 절묘하게 나타나 있기 때문입니다.

나의 생각메모

 상식 미다스의 손이 궁금해?

손닿는 것마다 황금이 되네

 우리 주위에는 투자하는 종목마다 높은 수익률을 올리는 주식 전문가가 있습니다. 미래가 불확실한 사업을 시작해 큰 성공을 거두는 전문경영인도 있지요. 언론에서는 그런 사람들을 가리켜 '미다스의 손'이라고 표현합니다. 그 말은 손대는 것마다 황금으로 변하게 하는 미다스 왕의 일화에서 유래했지요.

 그리스·로마 신화에 다음과 같은 이야기가 전해집니다.
 어느 날, 미다스 왕이 위험에 빠진 실레노스 노인을 구해주었습니다. 노인은 디오니소스 신을 길러준 양아버지이자 스승이었지요. 그 소식을 들은 디오니소스 신은 기뻐하며 미다스 왕에게 한 가지 소원을 들어주겠다고 말했습니다.

 평소 재물 욕심이 컸던 미다스 왕은 자신의 손이 닿는 것마다 황금으로 변하게 해달라고 부탁했습니다. 하지만 미다스 왕은 곧 땅을 치며 후회했지요. 왜냐하면 배가 고파 먹으려 했던 빵도, 반갑게 안아준 딸도 그의 손이 닿자 황금 덩어리가 되어버렸으니까요. 절대로 변하지 말아야 할 것까지 모두 황금으로 변한 것입니다.

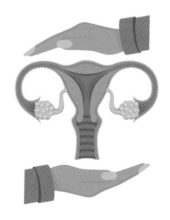

한 걸음 더 (1) 그리스·로마 신화의 의미

　그리스 · 로마 신화는 고대 그리스에서 발생해 로마 제국으로 이어지는 신화입니다. 신화는 고대 사람들의 상상력이 반영된 허무맹랑한 이야기지만 현실 속 인간의 삶을 상징하는 묘한 매력이 있지요. 그리스 · 로마 신화 역시 인간, 특히 서양인들의 정체성을 이해하는 데 중요한 열쇠가 됩니다. 그래서 많은 학자들이 서양 문화의 뿌리로 『성서』와 함께 그리스 · 로마 신화를 손꼽지요.

한 걸음 더 (2) 그리스·로마 신화에 나오는 여러 신

　그리스 · 로마 신화에는 여러 신들이 등장합니다. 그중 대표적으로 하늘과 땅의 모든 현상을 주재하는 최고의 신 '제우스', 제우스의 아내로 결혼과 출산을 관장하는 '헤라', 바다와 강을 지배하는 '포세이돈', 지혜의 여신 '아테나', 태양과 음악과 시의 신 '아폴론', 전령의 신 '헤르메스', 사랑과 미의 여신 '아프로디테', 전쟁의 신 '아레스', 술의 신 '디오니소스' 등을 예로 들 수 있습니다.

나의 생각메모

주머니 속 송곳이 궁금해?

정말 뛰어나면 언젠가 돋보이게 마련이야

바지 주머니에 뾰족하고 날카로운 것이 있다면 금세 허벅지를 찔려 비명을 내지르게 됩니다. 그처럼 모른 척하려고 해도 그럴 수 없는 것, 당장은 아니더라도 금방 그 위력을 깨닫게 되는 것, 그와 같은 존재가 바로 '주머니 속 송곳'입니다.

주머니 속 송곳이라는 표현은 탁월한 재능을 비유할 때 자주 쓰입니다. 그 말은 중국 조나라 왕의 동생 평원군의 일화에서 유래했습니다. 어느 날 평원군이 초나라에 데려갈 사신 20명을 선발하게 됐지요. 그런데 마지막 한 명이 마땅치 않아 고민에 빠졌습니다. 그때, 모수라는 사람이 자신을 데려가 달라고 청했지요.

"무릇 재능이 뛰어난 사람은 조용히 있어도 '주머니 속 송곳'처럼 날카로움이 드러나는 법이다. 한데 나는 아직까지 너에 대한 이야기를 한 번도 듣지 못했다."

평원군은 이렇게 말하며 고개를 갸웃했습니다. 그 후 평원군은 미처 알지 못했던 모수의 재능을 깨달아 사신으로 선발했는데, 그 일이 있고 나서 주머니 속 송곳이라는 말이 널리 퍼졌습니다.

한 걸음 더 (1)   주머니 속 송곳은 낭중지추

평원군의 일화는 사마천이 지은 중국 역사서 『사기』에 나옵니다. 그 책에는 주머니 속 송곳이 '낭중지추(囊中之錐)'라는 사자성어로 등장하지요. 한 글자씩 살펴보면 '주머니 낭(囊)', '가운데 중(中)', '갈 지(之)', '송곳 추(錐)'입니다. 그 일화에서 모수는 자신에 대해 들어본 적 없다는 평원군에게 "그것은 여태껏 어르신이 저를 주머니 속에 넣어주시지 않았기 때문입니다. 이제라도 주머니 속에 넣어주신다면, 저의 재능을 확인하실 수 있을 것입니다."라고 말했다고 하지요.

한 걸음 더 (2)   낭중지추와 비슷한 뜻을 가진 사자성어

낭중지추와 비슷한 의미를 가진 사자성어로 '군계일학(群鷄一鶴)'을 이야기할 수 있습니다. 한 글자씩 살펴보면 '무리 군(群)', '닭 계(鷄)', '한 일(一)', '학 학(鶴)'이지요. 닭의 무리 속에 섞여 있는 한 마리 학이 눈에 띄듯, 수많은 사람들 중에서 유난히 돋보이는 사람이라는 뜻입니다.

나의 생각메모

○

○

○

○

이렇게 생각해야 마음이 편해

『이솝 우화』에 나오는 이야기입니다. 사흘이나 굶은 여우 한 마리가 비틀거리며 산길을 내려와 마을에 있는 포도 과수원에 다다랐습니다. 여우는 군침을 꿀꺽 삼켰지만 과수원 담장이 높아 포도를 따먹기 쉽지 않았지요.

여우는 담장을 넘으려고 풀쩍 뛰어올랐습니다. 그러나 근처에도 이르지 못하고 땅바닥에 뒤통수를 찧으며 나동그라졌지요. 몇 번이나 다시 시도했지만 마찬가지였습니다. 결국 여우는 포도 따먹는 것을 포기하고 혼잣말을 중얼거렸지요.

"다른 여우들도 저 포도를 따먹는 것은 불가능해. 그리고 저 포도는 아직 익지도 않았을 거야. 맛없는 신 포도인 것이 분명해!" 그런 다음 여우는 다른 먹이를 찾아 어딘가로 발걸음을 재촉했습니다. 결코 자신의 능력이 모자라서가 아니라 신 포도라 안 먹는 것이라며 애써 아쉬운 마음을 달랬지요.

사람들도 인생을 살아가면서 자기의 부족함을 인정하지 않고 비겁하게 합리화할 때가 있습니다. 그런 경우를 가리켜 '여우와 신 포도'라고 합니다.

한 걸음 더 (1) 여우의 자기합리화

앞서 이야기한 『이솝 우화』 속 여우의 심리를 일컬어 '자기합리화'라고 합니다. 자책감이나 죄책감에서 벗어나기 위해 자신이 한 행위를 그럴싸하게 포장해 정당화하는 것을 말하지요. 지그문트 프로이트와 그의 딸 안나 프로이트가 연구한 인간의 '방어 기제' 중 하나입니다. 방어 기제는 욕구 불만이나 두려움, 불쾌감 앞에서 스스로 자기를 방어하기 위해 하는 행위를 가리킵니다.

한 걸음 더 (2) 『이솝 우화』에 대해 알고 싶어

고대 그리스의 이솝이 지은 우화들을 '이솝 우화'라고 합니다. 그것을 후세 사람들이 책으로 엮어 『이솝 우화』를 펴냈지요. 그중 가장 널리 읽히는 것은 14세기 콘스탄티노플의 수도승 막시무스 플라누데스가 편집한 것입니다. 이솝 우화는 대부분 동물을 주인공으로 내세워 인간의 심리와 삶의 태도를 풍자적으로 이야기하지요.

나의 생각메모

○

○

○

○

상식 나비 효과가 궁금해?

작은 일이라고 하찮게 여기지 마

1972년, 기상학자 에드워드 로렌츠는 '브라질에서 나비가 날갯짓을 하면 미국 텍사스에 토네이도가 일어날까?'라는 주제로 강연을 했습니다. 그는 지구의 어디에선가 일어나는 작은 변화 때문에 다른 지역에는 예측하기 힘든 심각한 날씨 변화가 나타난다는 점을 강조하려고 그와 같은 가상의 현상을 이야기했지요.

몇 해 전 에드워드 로렌츠는 어떤 실험을 하던 중 컴퓨터에 수치 0.506127을 입력해야 하는데 0.506만 입력한 적이 있었습니다. 그런데 0.0001 정도에 불과한 아주 미미한 차이 때문에 실험 결과는 엄청나게 달라졌지요. 그는 그 일로 기상 예측 역시 어느 부분의 사소한 변화가 전체에 막대한 영향을 끼칠 수 있다는 사실을 절감해 '나비의 날갯짓'과 '토네이도'를 연결시켰던 것입니다.

그 후 사람들은 에드워드 로렌츠의 강연에 빗대어 '나비 효과'라는 개념어를 사용하기 시작했습니다. 그리고 이제 그 말은 일상생활과 정치, 경제, 사회 문제 등에 폭넓게 적용돼 작은 변화도 소홀히 여기지 말라는 경고로 쓰이고 있습니다.

시너지 효과는 뭘까?

'시너지 효과'를 우리말로 표현하면 '상승 효과' 또는 '종합 효과'라고 합니다. 두 가지 이상의 요소가 서로에게 작용해 모두 더 큰 성과를 발생시킨다는 면에서 상승 효과라고 할 수 있지요. 아울러 흩어져 있는 개인이나 각 기능이 공동으로 작용해 전체적인 성과를 이룬다는 면에서 종합 효과라고도 합니다. 어느 경우든 시너지 효과가 나타나면 1 더하기 1의 결과가 2가 아닌 3이나 4가 될 수 있습니다.

한 걸음 더 (2) 풍선 효과는 뭘까?

공기를 70퍼센트쯤 채운 풍선을 떠올려 봐요. 풍선의 한쪽을 누르면 다른 쪽으로 공기가 몰려 볼록해지겠지요. 그처럼 어떤 부분에서 문제를 해결하면 또 다른 부분에 새로운 문제가 발생하는 현상을 가리켜 '풍선 효과'라고 합니다. 만약 사교육비 증가를 줄이려고 학원 영업을 못하게 하면 은밀한 고액 과외가 더 많이 생겨날 텐데, 그런 상황을 일컬어 "풍선 효과가 나타났다."라고 말할 수 있습니다.

나의 생각메모

상식 유토피아가 궁금해?

어서 와, 여기가 낙원이야

국어사전에 '이상향'이라는 단어가 있습니다. 인간이 상상할 수 있는 최선의 상태를 갖춘 완전한 곳을 일컫는 말이지요. 많은 사람들이 바라는 그곳은 현실세계에 결코 존재하지 않을지 모릅니다.

16세기, 영국의 토머스 모어는 그와 같은 이상향을 그리며 소설을 썼습니다. 제목은 '유토피아'였지요. 한 권의 소설 작품으로 출판돼 독자들의 호기심을 불러일으킨 『유토피아』에는 가상의 섬나라 유토피아가 등장합니다. 그 이름은 '어느 곳에도 없는 장소'라는 의미가 담긴 그리스어에서 유래했지요.

『유토피아』는 훌륭한 공상 사회소설이라고 평가할 만합니다. 토머스 모어는 민주주의 정치, 사회 체제와 사유 재산이 없는 공산주의 경제 체제가 조화를 이룬 완벽한 이상 국가를 작품 속에 그려냈지요. 그것은 16세기에 누구도 갖기 어려운 기발한 상상력이었습니다. 그 후 오늘날까지 사람들은 유토피아를 최고의 이상향을 뜻하는 대명사로 사용하고 있습니다.

한 걸음 더 (1) 유토피아의 반대, 디스토피아

유토피아와 반대되는 개념어는 '디스토피아'입니다. 그렇다고 해서 '어느 곳에나 있는 장소'라는 것은 아니고, 언뜻 유토피아처럼 보이지만 개인이 사회에 억눌려 인간적인 삶을 누리지 못하는 세상을 말하지요. 즉 사회 체제가 평범한 사람들의 일상을 억압하고 강제하는 곳을 디스토피아라고 합니다. 그 용어는 1868년 영국의 사상가 존 스튜어트 밀이 처음 사용했습니다.

한 걸음 더 (2) 유토피아를 꿈꾸지 말아요

사람들은 유토피아를 꿈꿉니다. 그곳에서 자신의 삶이 가장 행복할 것이라고 믿기 때문이지요. 그런데 20세기 철학자 칼 포퍼는 유토피아를 향한 갈망을 부정적으로 보았습니다. 그는 유토피아에 대한 환상이 감정적인 탓에 인간의 이성을 방해해 오히려 사회 발전에 걸림돌이 된다고 생각했지요. 따라서 막연히 유토피아를 꿈꾸기보다는 구체적인 사회악을 하나씩 제거하는 편이 바람직하다고 주장했습니다.

나의 생각메모

상식 피그말리온 효과가 궁금해?

믿어주는 만큼 잘하게 돼요

그리스 신화에 나오는 이야기입니다. 키프로스 왕 피그말리온은 자신의 권력을 탐하는 여성들을 혐오해 평생 독신으로 살기로 마음먹었습니다. 그 대신 아름다운 여성을 조각상으로 만들어 마치 아내인 것처럼 정성껏 보살폈지요.

그러던 어느 날, 피그말리온은 사랑의 여신 아프로디테를 찾아가 그 조각상에 생명을 불어넣어달라고 간청했습니다. 자신이 지금까지 한 번도 만나지 못했던 완벽한 여인이라며 진짜 아내로 삼고 싶어 했지요. 그 바람이 얼마나 진실하고 절실했던지, 아프로디테는 감격해 피그말리온의 소원을 들어주었습니다.

그 후 사람들은 어떤 일을 간절히 원하면 실제로 이루어지는 것을 두고 '피그말리온 효과'라고 부르기 시작했습니다. 그것은 뭔가에 대한 믿음이나 희망이 그대로 실현되는 놀라운 현상이지요. 그리고 좀 더 나아가, 사람들은 타인의 기대나 관심으로 능률이 오르고 결과가 좋아지는 현상까지 피그말리온 효과라고 해석했습니다.

YES ✓

NO

한 걸음 더 (1) ## 칭찬은 고래도 춤추게 한다

피그말리온 효과를 '로젠탈 효과'라고도 합니다. 미국의 대학 교수 로버트 로젠탈은 한 초등학교에서 지능검사를 실시한 후 무작위로 약간의 학생들을 뽑았지요. 그리고 선생님에게 명단을 주며 성적 향상 가능성이 높은 학생들이라고 말했습니다. 그 뒤 8개월이 지나 알아보니 실제로 그 학생들의 학업 성적이 꽤 좋아졌지요. 그것은 선생님의 기대 심리와 명단 속 학생들의 부응 심리가 맞물린 효과였습니다.

한 걸음 더 (2) ## 편견과 선입견이 만드는 낙인 효과

상대방을 향한 "넌 할 수 있어!"라는 기대가 피그말리온 효과를 낳는다면 "넌 아무것도 할 수 없어!"라는 부정적 인식은 점점 더 나쁜 결과를 빚게 합니다. 그처럼 편견과 선입견으로 상대방을 무시하고 주눅 들게 만드는 것을 '낙인 효과(스티그마 효과)'라고 하지요. 예를 들어 '이주노동자는 모두 교육 수준이 낮고, 가난한 나라에서 왔어.'라는 낙인이 인권 침해라는 잘못된 행동을 하게 합니다.

나의 생각메모

○ --

○ --

○ --

○ --

잠깐! 스스로 생각해봐!

■ 여러분이 자주 접속하는 웹사이트들을 기록해보아요. 거기에 어떤 공통점이 있는지 분석해 자신의 취미와 습관, 생활방식 등을 되돌아봐요.

잠깐! 스스로 생각해봐!

■ 이 책에서 다루지 않는 개념어 중에 '뜨거운 감자'라는 것이 있습니다. '매우 중요한데 쉽게 다루기 어려운 문제'를 일컫지요. 지금 이 순간, 여러분의 뜨거운 감자는 무엇인가요?

개념어로 말해봐
역사·상식

초판 발행	2024년 12월 07일
초판 인쇄	2024년 12월 12일
지은이	콘텐츠랩
펴낸이	김태헌
펴낸곳	핑크물고기
주소	경기도 고양시 일산서구 대산로 53
출판등록	2021년 3월 11일 제2021-000062호
전화	031-911-3416
팩스	031-911-3417